# Inhalt

## Vorwort

Das Singspiel »Diese Erde ist dein Garten« sei von großer Farbigkeit. Das jedenfalls meinen wir Autoren, Textautor Dieter Stork und Musikautor Matthias Nagel. Diese Farbigkeit mag damit zusammenhängen, dass Texte und Melodien von Anfang an im lebendigen Kontakt mit den Kindern und Erzieherinnen des Evangelischen Kindergartens Preußisch Ströhen entstanden. Ehe überhaupt eine Zeile der Liedertexte geschrieben wurde, ehe ein Melodiebogen entstand, gab es Gespräche mit den Kindern, den Erzieherinnen, allen voran Kadia Oedekoven, der Leiterin dieser Einrichtung. An diesen Gesprächen nahm auch Roland Mettenbrink, der Initiator des Singspielprojekts, lebhaften Anteil. Später traten in den Kreis der Mitarbeitenden Leta Henderson, Wagenfeld, Musikerzieherin, und Kreiskantor Heinz-Hermann Grube, Lübbecke, ein. Heinz Hermann Grube erstellte mit einem aus drei Kinderchören der Lübbecker Kinderkantorei gebildeten Sonderchor die Verlags-CD. Alle Mitwirkende hatten diesen guten Kontakt zu den mitwirkenden Kindern, in Pr. Ströhen und in Lübbecke. Schließlich sollten die Kindergartenkinder aus Preußisch Ströhen und später die Kinder der Kinderkantorei Lübbecke dieses Werk inszenieren und aufführen. Also mussten sie einbezogen werden. Das Inszenieren wird deshalb erwähnt, weil bei der Uraufführung des Singspiels »Diese Erde ist dein Garten« in der Immanuelkirche in Preußisch Ströhen am Sonntag Kantate 2006 und auch beim Erntedankgottesdienst in Lübbecke 2007 die Lieder des Singspiels nicht nur gesungen, sondern auch inszeniert und illustriert wurden, wobei Material aus der Preußisch Ströher und der Lübbecker Aufführung in das »Mitmachliederbuch« und in das »Werkbuch« zu »Diese Erde ist dein Garten« einfloss.

### Das Gesamtwerk

2005, als das Singspiel entstand, konnte sich niemand vorstellen, dass ein so umfangreiches und gründlich aufbereitetes Gesamtwerk entstünde:

- Das Mitmachliederbuch mit vielen Anregungen zur pädagogischen Aufbereitung der Lieder des Singspiels, mit Playback-CD.
- Die CD »Diese Erde ist dein Garten« in der Aufführung der Lübbecker Kinderkantorei unter der Leitung von Heinz-Hermann Grube.
- Das Werkbuch »Diese Erde ist dein Garten«, in dem sich neben acht praxisnahen Gottesdienstmodellen auch eine Auseinandersetzung zum Thema Biblischer Schöpfungsglaube zwischen Darwinismus und Kreationismus findet.
- Die hier vorgelegte Partitur, die eine komplette Aufführung des Singspiels ermöglicht.

Dem Verlag wird herzlich gedankt, dass er nicht nur diese Angebotsfülle zuließ, sondern sie mit Nachdruck betrieb, in dem Bewusstein, dass wir sowohl auf der theologischen, pädagogischen Ebene als auch auf der Erlebnisebene ein derartiges Angebot benötigen, das die Schöpfungstheologie der Bibel zeitgemäß entfaltet.

### Anspruchsvolle »Ohrwürmer«

Grundlage des Singspiels ist der Psalm 104, der so genannte Schöpfungspsalm, der im Mitmachliederbuch und auch im Booklet zur CD in verschiedenen Übertragungen geboten wird. Die spielerischen Liedtexte setzen die Inhalte des Psalms anschaulich und konkret um. Sie wurden von Matthias Nagel einfühlsam und fantasievoll vertont. Musik und Rhythmen bringen zu Gehör, was der Text erzählt. So sind viele kindgerechte Lieder entstanden, die einem »im Ohr bleiben«?

### Spannungsbogen von Lied und Wort

Die Aufführung des Werks dauert etwa eine Stunde. Die reine Singzeit, aus den

Stücklängen der CD zusammengezählt, beträgt etwa 35 Minuten. Nicht ganz so viel Zeit entfällt auf Erzähl- und Dialogtext. Die Zwischentexte, welche die einzelnen Lieder verbinden, sind unverzichtbar. Wer die Zwischentexte weglassen möchte, der sollte auf jeden Fall bedenken: Erzählende Anschaulichkeit und innere Spannung des Singspiel werden wesentlich durch den Wechsel von Lied- und Wortbeiträgen hervorgerufen. Nur durch vollständige Aufführung des Lied-Text-Gefüges wird deutlich, wie das Singspiel seine Vorlage, den Psalm 104, aufnimmt und dessen unvergleichlichen Bilder sprachlich und musikalisch entwickelt. Der Wort-Lied-Zusammenhang macht den inhaltlichen Spannungsbogen des Singspiels aus. Wegen der Wichtigkeit der Wortbrücken für die Aufführung wird in der Partitur der Sprecher- und Dialogtext mitgeliefert, sodass die Zwischentexte leicht aus der Partitur vorgetragen werden können.
Auch bietet die Textvorlage die praktische Möglichkeit, sich in der Gruppe mit dem Gesamttext, den Lieder- und Zwischentexten, auseinanderzusetzen.

## Menschheitsfragen

In Zwiegesprächen zwischen einem Erzähler, einer Mutter und ihrem Kind entwickeln sich die Liedstationen des Singspiels. Das Gespräch wird von Station zu Station, von Lied zu Lied weitergeführt. Menschheitsfragen werden auf verstehbare Weise aus biblischem Kontext beantwortet, im Zwischentext, in den Liedern. Bei der Erarbeitung der Texte und Lieder soll der Spannungsbogen von Lied und Wort von vornherein in die didaktische Aufbereitung des Singspiels integriert werden. Im Mitmachliederbuch und im Werkbuch werden Anregungen dazu gegeben.

## Kindergarten, Grundschule und mehr

Die Arbeit mit dem Lied- und Textmaterial bietet sich für den Kindergarten und die Grundschule an. Einige Lieder singen auch die Zwölfjährigen noch mit Emphase. In dem Augenblick, wo die theologisch-pädagogischen Fragen, die in den Liedern und den Zwischentexten stecken, aufgegriffen werden, finden auch Schüler/innen im Sekundarbereich Interesse an der Gestaltung des Singspiels und einzelner Lieder.
Kann das Singspiel auch im Kindergarten als Ganzes aufgeführt werden? Sind nicht Kindergartenkinder mit 19 Liedern überfordert? – Ein Tipp aus der Aufführungspraxis des Kindergartens in Preußisch Ströhen hilft weiter: Die Lieder werden auf drei verschiedene Singgruppen aufgeteilt, nach Altersstufen gegliedert. Eine weitere Singgruppe, aus Eltern und Erzieherinnen gebildet, übernimmt den Song »Wer hat den Himmel, die Erde gemacht?«

## Wort, Lied, Instrumente

Die Aufführung des Singspiels ist für Chor und Instrumentengruppe sowie für drei Sprecher/innen eingerichtet. Wenn sich keine andere Alternative anbietet, kann die Musik auch allein aus dem Piano heraus entwickelt werden. Damit Kindergärten, Schulen, Gemeinden eine angemessene musikalische Situation herausspielen können, bringt der Verlag neben dem Mitmachliederbuch, in dem das Noten- und Textmaterial mit sparsamer instrumentaler Begleitung übersichtlich vorgestellt wird, die Partitur heraus. Dieses Partitur-Notenmaterial eröffnet die Möglichkeit einer reichen und farbenfrohen Orchestrierung der einzelnen Lieder, des gesamten Singspiels. Die örtlichen musikalischen Möglichkeiten sollten zur Aufführung des Singspiels genutzt werden. Kreiskantor Heinz-Hermann Grube, der sich ausführlich im Rahmen der CD-Herstellung mit dem Musikmaterial befasste, schreibt dazu:

»Die Musik, die Matthias Nagel geschrieben hat, lädt zu genauerer musikalischen Auseinandersetzung ein. Die Partitur sieht vor, ein kleines Orchester zu bilden, das dann die herrlichen Ummalungen gut herausspielt. Gerade diese Orchestrierung, die nach meinen Erfahrungen vor Ort gut zu arrangieren ist, verstärkt den Eindruck des Klassischen, womit sich der Chor auseinander setzen muss. Wie klingen Instrumente und Chor zusammen? Welche Farbe kommt in den Liedvortrag wenn verschiedene Instrumente mitspielen? Ob nun ein Tasteninstrument die Lieder begleitet, oder ob einige Lieder von einer Musiziergruppe mit kleiner Besetzung unterstützt werden, es gilt so oder so: Sollen die Lieder gut klingen, muss an der Sprache, an der Intonation, an differenzierter Gestaltung gearbeitete werden. Dieses macht auch älteren Kindern Spaß. Auf diese Weise eignen sich die Lieder nicht nur für den Kindergarten und frühen Grundschulbereich, sondern auch als Repertoire für ältere Kinder.«

## Zur Aufführungspraxis

Das separat erhältliche Mitmachliederbuch leitet zur Erarbeitung der einzelnen Lieder und zur Entwicklung von Szenen und Tänzen an, die einer Aufführung zusätzliche Farbe und Lebendigkeit verleihen. Im parallel erscheinenden Werkbuch zu »Diese Erde ist dein Garten« werden zahlreiche Gestaltungsideen für den Gottesdienst und die Gemeindearbeit vorgestellt.

Möge die Partitur viele gelungene Aufführungen des Singspiels »Diese Erde ist dein Garten« ermöglichen und vielen aufmerksamen Zuhörerinnen und Zuhörern ein klangliches Erlebnis verschaffen, in dessen Zentrum der Lobpreis Gottes und seiner uns geschenkten und von uns zu bewahrenden Schöpfung steht.

*Autoren und Verlag, im Frühjahr 2010*

## Hinweise zur Gestaltung und zur Aufführungspraxis des Singspiels

1. Mit dem Kauf der Partitur erwirbt der Käufer vom Verlag das Recht zur öffentlichen, nicht gewerblichen Aufführung des Singspiels in Schule und Gemeinde. Die bei jeder öffentlichen Aufführung zu erfüllende Meldepflicht bei der GEMA bleibt davon unberührt. Am einfachsten unter: www.gema.de.
2. Die Textvorlage zum Singspiel (Sprech- und Liedtexte) kann zur pädagogischen Aufbereitung der Lieder- und Zwischentexte herangezogen werden.
3. Die Textvorlage wird vor allem bei der Aufführung im Hinblick auf die **Sprechtexte vor den einzelnen Liedern** notwendig.
4. Es gibt drei Sprecherrollen. Alle Texte, die in wörtlicher Rede stehen, sollen entweder von der »Mutter« oder der »Tochter« gesprochen werden, was jeweils gekennzeichnet ist. Die nicht als wörtliche Rede gekennzeichneten Passagen werden von einem Sprecher oder einer Sprecherin vorgetragen.
5. Die Instrumentalstimmen sind in die Werkausgabe der Partitur integriert.
6. Mit dem Kauf der Werkausgabe der Partitur wird dem Käufer die Erlaubnis erteilt, die Instrumentalstimmen aus der Werkausgabe für die Aufführungspraxis herauszukopieren.
7. Zur Gestaltung im Kindergarten- und Grundschulbereich bietet sich an, die Lieder auf mehrere Singgruppen zu verteilen. Darüber hinaus kann auch eine Erzieher/innen und Elternsinggruppe ein oder zwei Lieder übernehmen.

## Sprech- und Liedtexte – Textvorlage zum Singspiel

**Ein Kind wird geboren. Noch hat es klitzekleine Hände und Füße. Aber das Kind wächst und wird größer. Bald kann es sprechen, fragen, erzählen. Jetzt schläft es auf dem Schoße der Mutter. Es erwacht und blinzelt in die Welt.**

1. Guter Gott, ich wache auf!
Tausend Sonnenstrahlen blitzen.
Ich bleib nicht im Bette sitzen,
springe auf und lauf!

2. Guter Gott, ich danke dir!
Denn ich hab so gut geschlafen,
hab geträumt von bunten Schafen
und vom Murmeltier.

3. Guter Gott, ich bitte dich:
Ich will diesen Tag beginnen,
Gutes tun und Glück gewinnen,
dazu leite mich.

4. Guter Gott, sei du bei mir!
Segne du mein Tun und Reden,
Vater, Mutter, einen jeden –
und wir singen dir!

**Das Kind öffnet die Augen und staunt. Die Sonne ist über den Berg geklettert und lacht in die Welt. Tau glitzert auf den Gräsern. Federwolken ziehen am hellen Himmel. »Mama«, fragt das Kind, »wer hat diese schöne Erde geschaffen?«**

1. Wer hat die Berge, die Wälder gemacht?
Wer hat das Feuer im Wind entfacht?
Wer sagt der Sonne am Morgen: »Steh auf!«?
Wer spricht zum Mond am Abend: »Nun lauf!«?
Wer lockt das Gras, wer ruft den Wind?
Wer macht, dass viel tausend Blumen sind?

2. Wer malte den Himmel so grau in grau,
am andren Tage dann klar und blau?
Wer gibt uns den Tag? Wer schenkt uns die Nacht?
Wer hat den Sommerregen gebracht?
Wer weckt die Saat, den Halm, das Korn?
Wer schenkt, dass Kinder werden geborn?

3. Du, Vater, hast diese Welt uns gemacht!
Du schenkst uns den Tag, du schenkst die Nacht.
Du schaffst das Blattwerk, den Baum und den Zweig,
machst Reiche arm und Arme doch reich.
Du, Vater, bist's, der diese Welt
und auch mein Leben trägt und erhält.

**Die Sonne klettert höher und höher. Der Himmel strahlt nun in tiefstem Blau. Alles lacht, jubelt, singt. Der Tag wird schön!**

1. Der Himmel steigt und fällt
und spannt sich um die Welt,
die Gott, der Herr, uns gibt,
weil er uns Menschen liebt.
Ich will die Welt entdecken,
mich dehnen, weiten, strecken,
dir die Hände reichen,
als mein Friedenszeichen.

2. Ein jeder Baum und Strauch,
und alle Menschen auch
gehören Gott, dem Herrn,
ich und der fernste Stern.
Ich will die Welt entdecken,
mich dehnen, weiten, strecken,
dir die Hände reichen
als mein Friedenszeichen.

3. Und ich vor meiner Tür
und du und ihr und wir,
wir singen euch im Chor
dies kleine Liedlein vor:
Ich will die Welt entdecken,
mich dehnen, weiten, strecken,
dir die Hände reichen
als mein Friedenszeichen.

**In der Ferne ragen Berge auf. Dort entspringen Quellen, Bäche und Flüsse. Quellen sprudeln, Bäche gluckern, Flüsse flüstern. Das Kind wird still. »Hörst du, wie die Flüsse rauschen?«, fragt die Mutter. »Sie fließen weiter ins Meer!«**

1. Ich schwimme gern im großen Fluss,
fließe mit den Wellen,
manchmal auch im Gegenstrom,
bis hin zu den Quellen.

2. Ich schwimme gern im großen Fluss,
lasse mich gern treiben,
gebe mich der Strömung hin.
Ich kann's kaum beschreiben!

3. Ich schwimme gern im großen Fluss,
schwimm' in ferne Länder.
Wellen, sie umfließen mich,
schimmernd helle Bänder.

4. Ich schwimme gern im großen Fluss,
fließe mit den Wellen,
manchmal auch im Gegenstrom,
bis hin zu den Quellen.

**Quellen, Bäche und Flüsse wässern das Land, das blüht und gedeiht. Sträucher und Bäume wachsen am Flussufer. Pst! Stille sein! »Hörst du«, fragt die Mutter, »wie die Vögel zwitschern?«**

1. Wer sitzt dort auf dem Zweige
und tiriliert und singt?
Der Zeisig, der Zeisig,
der uns ein Ständchen bringt.

2. Wer wiegt sich auf dem Aste
und ruft und singt und tönt?
Die Amsel, die Amsel –,
hab mich an sie gewöhnt.

3. Wer hockt dort in der Linde
und murrt und burrt und schnurrt?
Die Taube, die Taube,
die Liebeslieder gurrt!

4. Wer steckt dort im Gebüsche
und tschilpt und zwitschert frech?
Die Spatzen, die Spatzen,
die schwirren los – so'n Pech!

5. Wer birgt sich im Holunder?
Ich hab den Ton gespürt!
Nachtigall, du Schöne,
dein Lied hat mich berührt.

**»Mama, ich möchte mitmachen! Ich will mit den Fischen im Wasser schwimmen! Mit den Vögeln in der Luft will ich fliegen und mit den Tieren im Wald will ich spielen!« – »Versuch es!« sagt die Mutter und lacht.**

1. Als die Fische zusammenkamen
Plipp, plopp, plupp!
Und sich an die Flossen nahmen
Plipp, plopp, plupp!
Als sie durch die Nordsee schwammen
ohne Unfall, ohne Rammen,
hörte ich ihr stummes Singen:
»Ja, wir Fische werden's bringen!
Plipp, plopp, plupp, Heiner, Pit und Jupp!«

2. Als die Vögel zusammen kamen,
Piep, piep, piep!
Und sich an die Flügel nahmen
Piep, piep, piep!
Als sie nickten und laut schwatzten
und sich mit dem Kratzfuß kratzten,
hörte ich ihr Vogelsingen:
»Ja, wir Vögel werden's bringen!
Piep, piep, piep, haben uns sehr lieb!«

3. Als die Tiere zusammen kamen
Hi, ho, ha!
Und sich an die Pfoten nahmen
Hi, ho, ha!
Als sie brüllten, grunzten, pfiffen,
kraulend in ihr Fell sich griffen,
hörte ich den Tierchor singen:
»Ja, wir Tiere werden's bringen!
Hi, ho, ha! Wir sind alle da!«

4. Als die Menschen zusammen kamen!
Du, ich, wir!
Und sich an die Hände nahmen
Du, ich, wir! –
Wenn wir lachen und erzählen,
uns nicht zanken, uns nicht quälen!
Macht' ich mit beim Menschensingen:
»Ja, wir Menschen werden's bringen!
Du, ich, wir –, wir sind alle hier!«

**Der Tag klettert über die Hügel. Morgensonne lächelt auf das Land. Die Berghänge leuchten. Wiesen und Äcker dampfen, Nebel steigt auf. Bäche und Flüsse fließen wie ein silbernes Band durch die Landschaft. »Mama«, sagt das Kind, »die Erde ist ein großer Garten.« – »Ja, das ist sie«, antwortet die Mutter, »und wir Menschen sind die Gärtnerinnen und Gärtner. Gott hat uns diesen Garten geschenkt. Wir sollen ihn hegen und pflegen, beschützen, bewachen und bewahren.« – »Und wie machen wir das?« fragt das Kind unsicher. »Wir bestellen das Land und**

**ernten Früchte, von denen wir leben. Wir planen und arbeiten, entwickeln und schaffen. Aber wir sollen schonend, vorsichtig mit der Natur umgehen«, erklärt die Mutter. Frühling und Sommer, Herbst und Winter kommen und gehen. Sonne und Mond bestimmen das Jahr. So hat es Gott gemacht. So ist es gut.**

1. Diese Erde ist dein Garten,
den du, Gott, uns schenkst.
Ja, wir werden hacken, säen,
Rotkohl pflanzen, Rasen mähen
und ganz fröhlich
auf das Frühjahr warten.

2. Diese Erde ist dein Garten,
ja, er blüht für uns.
Er soll allen Leuten nützen.
Und wir sollen ihn beschützen
und ganz fröhlich
auf den Sommer warten.

3. Diese Erde ist dein Garten,
der uns Früchte bringt.
Ernten werden wir und teilen,
gern in deinem Garten weilen
und ganz fröhlich
auf die Herbstzeit warten.

4. Diese Erde ist dein Garten,
den du, Gott, uns schenkst.
Niemand, niemand soll sich drücken,
wenn wir nun zusammenrücken
und ganz fröhlich
auf den Winter warten.

**Die Menschen haben sich endgültig den Schlaf aus den Augen gerieben. Sie kommen aus ihren Häusern, recken die Schultern und machen sich an die Arbeit. Sie fahren mit dem Fahrrad, der Bahn, dem Bus oder dem eigenen Auto zu ihrer Arbeitsstelle. Der Landmann geht auf seinen Acker oder in den Stall. »Ja, und wir Kinder?« fragt das Kind. »Kinder gehen in den Kindergarten und in die Schule«, meint die Mutter. »Ich will spielen und singen, tanzen und turnen«, sagt das Kind und will gleich mit dem Tanzen anfangen. »Auch Kinder haben ihre Pflichten«, lacht die Mutter. »Och«, fragt das Kind, »wieso?« Dann, nach einer Pause, als die Mutter nur stumm guckt: »Na gut, überredet!« Und geht der Mutter eifrig zur Hand! Aber dann geht es richtig mit dem Tanzen los!**

1. Die Welt ist schön, die Welt ist bunt.
Der Erdball dreht sich kugelrund.
Ich, eine hübsche Pflanze,
ich tanze, tanze, tanze!
Lalalila, lalalila!
Wir sind zusammen da!

2. Die Welt ist bunt, die Welt ist schön.
Ich kann auf ihr spazieren gehen,
will dich und euch begrüßen,
mit Augen, Händen, Füßen.
Lalalila, lalalila!
Wir sind zusammen da!

3. Die Welt ist schön, die Welt ist bunt
und Wolken ziehn am Himmelsrund.
Ich möchte tanzen, singen!
Mit euch soll's hell erklingen.
Lalalila, lalalila!
Wir sind zusammen da!

**Die Sonne steigt höher und höher. Im Walde knistert und wispert es. Die Tiere sind leise aus dem Gebüsch herausgetreten. Sie kriechen aus ihren Höhlen, kommen vorsichtig ins Freie. »Guten Morgen, Herr Löwe!« ruft das Kind. »Ja«, ruft es, »ich will heute mit euch Tieren viel erleben!« Aber vielleicht soll das Kind auch vorsichtig sein? Ein Löwe ist nicht ungefährlich.**

1. Guten Morgen, Herr Löwe!
Wie haben Sie geschlafen?
Oder ha'm 'se geräubert bei Ziegen und Schafen?

2. Guten Morgen, Frau Füchsin!
Wie haben Sie geträumet?
Oder ha'm 'se den Gansstall besuchet und geräumet?

3. Guten Morgen, Herr Kater!
Wie haben Sie geschlafen?
Oder ha'm 'se die Vögel gejaget – diese braven?

**Jetzt steht die Sonne im Zenit, an ihrer höchsten Stelle am Himmel. Die Menschen stecken in ihrer Arbeit und schaffen, auf dem Acker und in der Fabrik, im Büro, auf Bahnhöfen und in Bergwerken.**
**Sie brauchen eine Pause: »Mahlzeit!« Auch die Tiere haben Hunger. Sie streifen durch die Steppe und suchen nach Nahrung. Ein Tier trifft auf das andere. Wie geht es weiter?**

1. Ich kenn 'ne Elefantenkuh
und kenne einen Esel.
Frau Fanti kommt aus Malibu,
Herr Esel kommt aus Wesel!
Wenn sich die beiden treffen,
tri-, tra-, treffen,
dann werden sie, dann werden sie
laut röhren und nicht kläffen.
Iah, iah, ho! Iah, iah, ho!

2. Ich kenne auch ein Krokodil
und einen netten Affen.
Frau Kroko schwimmt im Flusse Nil,
den Affen zu begaffen.
Wenn sich die beiden sehen,
si-, sa-, sehen,
dann werden sie, dann werden sie
sich aus dem Wege gehen!
Gria, gria, groh! Gria, gria, groh!

3. Ich kenne auch ein Löwenkind,
das schüttelt seine Mähne.
Das trifft am Wasserloch ein Rind,
das hat sehr scharfe Zähne.
Wenn sich die beiden grüßen,
gri-, gra-, grüßen,
dann werden sie, dann werden sie
weglaufen auf vier Füßen!
Tiptap, tiptap to! Tiptap, tiptap to!

4. Ich kenne auch ein Menschenkind.
Vielleicht bin ich das selber!
Na klar, ich bin ein Wirbelwind,
ein weißer, roter, gelber!
Wenn wir uns heute treffen,
tri-, tra-, treffen,
dann werden wir, dann werden wir
laut lachen und nicht kläffen!
Hia, hia, ho! Hia, hia, ho!

**Nun klettert die Sonne aus ihrem Mittagssitz auf die Nachmittagsbank hinunter. »Und wie geht der Tag weiter«, fragt das Kind. »Manchmal sind wir Menschen nervös«, berichtet die Mutter. »Wir fangen an zu zanken, tun einem anderen Menschen weh.« »Ja, und dann?« will das Kind wissen. »Dann wird es dunkel in uns und um uns. Wir denken: ›Gott hat sich versteckt.‹ Aber das stimmt nicht. Er ist da, auch wenn wir ihn nicht merken. Er hält zu uns, wenn wir Fehler machen. Gott verzeiht und schenkt uns einen neuen Tag. Gott möchte, dass wir unsere Fehler erkennen und uns ändern. Morgen scheint die Sonne wieder neu.«**

1. Ach, was machen wir für Sachen!
Vieles ist gar nicht zum Lachen.
Streiten rum und wir versagen!
Das liegt alles schwer im Magen!
Gott lädt ein, sich zu versöhnen,
ans Verzeihn sich zu gewöhnen!
Menschen sollen Frieden geben
und gemeinsam überleben!

2. Und wir stolpern über kleine,
dicke und auch große Steine.
Und wir fallen und zerstören
Dinge, die uns nicht gehören.
Gott lädt ein, sich zu versöhnen,
ans Verzeihn sich zu gewöhnen!
Menschen sollen Frieden geben
und gemeinsam überleben!

3. Ich vertrau, dass deine Erde,
Gott, uns neu zum Garten werde,
den gemeinsam wir gestalten,
an dein Gotteswort uns halten.
Gott lädt ein, sich zu versöhnen,
ans Verzeihn sich zu gewöhnen!
Menschen sollen Frieden geben
und gemeinsam überleben!

**Mensch und Natur, Mensch und Mensch sollen friedlich und zärtlich miteinander umgehen. Wir sollen uns gern haben, einander schätzen, füreinander sorgen und nach einem Streit uns versöhnen. So kommt Frieden ins Land! »Das wäre schön«, sagt das Kind. »Ja«, sagt die Mutter, »das ist nicht einfach! Jedoch,**

**wenn wir Menschen uns bemühen, Frieden zu stiften, wird Gott uns segnen. Wir werden glücklicher leben.«**

Was ist der Friede, den wir alle brauchen?
Der Friede fängt in unsern Herzen an!
Doch soll er sich da drinnen nicht verkrauchen.
Er will heraus, dass ich ihn schmecken kann!

Der Friede will in alle Länder strömen,
will alle starren Grenzen überwinden.
Er will nach China und ins Land der Böhmen.
Kann er den Weg zu meinem Herzen finden?

Werd ich mich ändern, weil ich klar erkenne,
dass Streit und Krieg niemals den Frieden bauen?
Nur, wenn ich meine eignen Fehler nenne,
wächst diese Chance, dass wir den Frieden schauen!

Von mir zu dir soll dieser Friede wachsen.
Zum Gruß der Freundschaft soll er für dich werden.
Und drehen Welten sich um tausend Achsen –,
im Herzen wächst der Frieden, hier auf Erden.

Ja, nur der Friede kann den Frieden schaffen!
Ich lad' dich ein. Wir wollen, feiern, singen!
Der Friede kommt ganz ohne Streit und Waffen,
will Hand in Hand uns ins Vertrauen bringen.

Vertrauen wird die Grenzen überfliegen,
von mir zu dir, fast ohne Angst und Schwere!
Vertrauen kann die alte Angst besiegen,
dass ich dir fern und nur ein Fremder wäre.

Komm, reich mir deine Hand! Wir wollen leben.
Die Freundschaft wächst im Teilen ohne Mühen:
Du, tritt zu mir, ich will die Hand dir geben.
Die Lieder lachen und die Funken sprühen.

Was ist der Friede, den wir alle brauchen?
Der Friede fängt in unsern Herzen an!
Doch soll er sich da drinnen nicht verkrauchen.
Er will heraus, dass ich ihn schmecken kann!

**»Mama, es gibt viele Menschen auf der Erde«, stellt das Kind fest. »Sehr viele«, bestätigt die Mutter. »Und was wird aus uns, wenn wir immer mehr werden? Gibt es dann neue Kriege?« »Wir müssen zusammenrücken, ob uns das passt oder nicht«, ruft die Mutter aus. »Wir gehören doch zusammen, die großen und die kleinen, die dicken und die dünnen Menschen, die in fernen Ländern und die nah bei uns wohnen, die Fremden und die Einheimischen.« Gottes Sonne scheint auf uns alle. Wir, alle Menschen, sind Gottes Kinder.**

1. Wir, wir, wir,
wir sind alle hier,
wir sind alle da
und kommen uns ganz nah.

2. Ihr, ihr, ihr,
kommt bitte her zu mir!
Wir sind jetzt eine Schar
und singen wunderbar.

3. Wir, wir, wir,
wir sind alle hier,
wir sind alle da
und kommen uns ganz nah!

**»Mama, gehören wirklich alle Menschen zusammen? Auch Menschen aus verschiedenen Erdteilen? Auch dann, wenn sie verschiedene Sprachen sprechen, verschiedene Hautfarben haben, sie gehören wirklich alle zu uns?« – »Ja, sie gehören alle zu uns – und wir zu ihnen. Zusammen sind wir Menschen Gottes Kinder!«**

1. Wenn wir Braunen mit den Roten
und wir Schwarzen mit den Weißen,
ob sie Tom und Ali heißen,
miteinander spielen –,
nein, das ist uns nicht verboten,
das gefällt so vielen!
Na, na, na, na – das gefällt so vielen!

2. Wenn wir Gelben mit den Roten
und wir Schwarzen mit den Weißen,
ob wir Gerd und Gila heißen,
miteinander lachen,
werden wir nicht zanken, beißen,
sondern Frieden machen!
Na, na, na, na – sondern Frieden machen!

3. Wenn wir Roten mit den Schwarzen
und wir Braunen mit den Weißen,
ob wir King und Bing nun heißen,
miteinander gehen,
werden wir jetzt Freunde heißen –
und zusammenstehen.
Na, na, na, na – und zusammenstehen!

4. Wenn wir Braunen mit den Roten
und wir Schwarzen mit den Weißen,
ob sie Tom und Ali heißen,
miteinander spielen –,
nein, das ist uns nicht verboten,
das gefällt so vielen!
Na, na, na, na – das gefällt so vielen!

**»Gott schuf die Erde«, sagt die Mutter, »und alle Wesen, die auf ihr leben. Allen gibt er Nahrung, den Pflanzen, den Tieren, den Menschen. Wenn wir es klug anfangen, werden alle satt.« Wir, die wir viel besitzen und kaum Hunger leiden, sollen es lernen, den Armen und Hungrigen abzugeben, bis alle Not ans Ende kommt. Es sollen wirklich alle satt werden. So will es Gott.**

1. Gott, an deinem Tisch
sitzen wir heut alle,
Gott, an deinem Tisch
sitzen wir heut alle.
Und du segnest,
und du segnest
Milch und Brot und Fisch,
segnest uns und alle.

2. Gott, an deinem Tisch
darf heut niemand fehlen,
Gott an deinem Tisch
darf heut niemand fehlen.
Und du segnest,
und du segnest
Äpfel, Brot und Fisch,
denen, die sich quälen.

3. Gott, an deinem Tisch
finden alle Frieden,
Gott an deinem Tisch
finden alle Frieden.
Und du segnest,
und du segnest
Früchte, Brot und Fisch,
Menschen, so verschieden.

4. Gott, an deinem Tisch
sitzen wir heut alle,
Gott, an deinem Tisch
sitzen wir heut alle.
Und du segnest,
und du segnest
Milch und Brot und Fisch,
segnest uns und alle.

**Die Sonne ist zum Horizont hernieder gestiegen. Sie kauert sich in den Abend. Ihr Schein ist rotgolden, manchmal tiefrot. »Mama, wenn wir Menschen nun nicht teilen und die Kriege weiter führen, was dann?« fragt das Kind. »Das ist eine schwierige Frage«, antwortet die Mutter. »Wir werden das zu spüren bekommen«, erklärt sie. »Ein Krieg setzt den nächsten fort. Es wird schlimmer werden auf Erden.« Darum ist es besser, wenn wir unser Leben, unser Herz ändern! So will es Gott! Aber es gilt auch: Gott ist den Menschen und der Erde treu. Er bleibt unser Gott. Er gibt uns nicht auf, auch wenn wir uns irren und Riesenfehler machen. Wir dürfen uns mit unseren Fehlern an ihn wenden.**

1. Die Erde stürzt nicht in die Sonne.
Der Himmel fällt nicht auf die Erde.
Ich hoffe, dass es Sommer werde,
trotz zuviel Regen in der Tonne.
Heißa, ich will leben, Leben weiter geben.

2. Vertrauen will ich, dass dein Friede
mich segnet und mir Zukunft schenkt,
dass jeder ans Versöhnen denkt
und jeder alle Feindschaft miede!
Heißa, ich will leben, Leben weiter geben.

3. Im tiefsten Dunkel weckst du Leben
und Licht, weil du die Nacht erhellst
und dich im Finstern zu mir stellst.
Du wirst mich heilen und erheben.
Heißa, ich will leben, Leben weiter geben.

**Die Sonne hat sich verabschiedet. Der Tag geht zu Ende. Die Nacht tritt ein. Das Kind ist müde. »Was für ein schöner Tag«, sagt das Kind. »Komm, dein Bett wartet auf dich«, sagt die Mutter. Das Kind betet, zusammen mit der Mutter.**

1. Guter Gott, ich schlafe ein.
Mond und Sterne seh' ich blinken.
Abendwolken eilen, winken,
Nacht bricht jetzt herein.

2. Guter Gott, ich will nun ruhn.
Vieles ist am Tag geschehen:
Reden, hören, schmecken, sehen,
singen, spielen, tun.

3. Guter Gott, ich komm zu dir:
Alle Fehler, die ich machte,
wo ich nicht an andre dachte,
die verzeihe mir!

4. Guter Gott, lass dies geschehn:
Mach, dass ich erleben werde,
dass wir Menschen dieser Erde
besser uns verstehn.

**Warme Dunkelheit erfüllt die Kammer. Das Kind hat sich ins Bett gekuschelt. Die Augen fallen ihm zu. Aber seine Gedanken spazieren noch umher. »Bin ich heute klüger geworden? Habe ich etwas dazugelernt?« fragt es. Die Mutter steht am Bett, legt dem Kind die Hand auf die Stirn. Das Kind denkt über den Tag nach und schläft ein. Die Mutter sieht, das Kind lächelt. Es träumt, mit allen Kindern dieser Erde.**

1. Alle Kinder auf der Erde
träumen, träumen,
dass sie tief im Herzen
voller Frieden werden.
Leise träume ich dir zu:
»Du –,
komm, wir beide schließen Frieden!
Gib das Streiten zu!«

2. Alle Kinder auf der Erde
singen, singen,
dass in allen Ländern
Menschen teilen werden.
Leise singe ich dir zu:
»Du –,
gib doch gern aus vollen Händen
deinen Teil dazu!«

3. Alle Kinder auf der Erde
rufen, rufen,
dass nun alle Völker
frei von Angst heut werden.
Leise rufe ich dir zu:
»Du –,
Schenk mir endlich dein Vertrauen!
Ich mach keinen Schmu!«

4. Alle Kinder auf der Erde
tanzen, tanzen,
dass nun viele Menschen
echte Freunde werden.
Leise tanze ich dir zu:
»Du –,
komm, wir beide schließen Freundschaft,
ich und du, ja, du!«

**»Eins habe ich heute begriffen«, murmelt das Kind im Schlaf. Es lächelt seine Mutter an, die noch an seinem Bett steht. Das Kind blinzelt zur Mutter, zum Mond und zu den Sternen hin: »Das war ein wunderbarer Tag. Ich möchte dir vertrauen, lieber Gott, danke!«**

Gott, segne unser Leben,
was wir sind und haben.
Alles, was du schenkst und gibst,
sind doch deine Gaben.

Hinweis:
Die transponierenden Instrumente sind in der Partitur klingend notiert.

# 1
# Guter Gott, ich wache auf

Text: Dieter Stork
Musik: Matthias Nagel

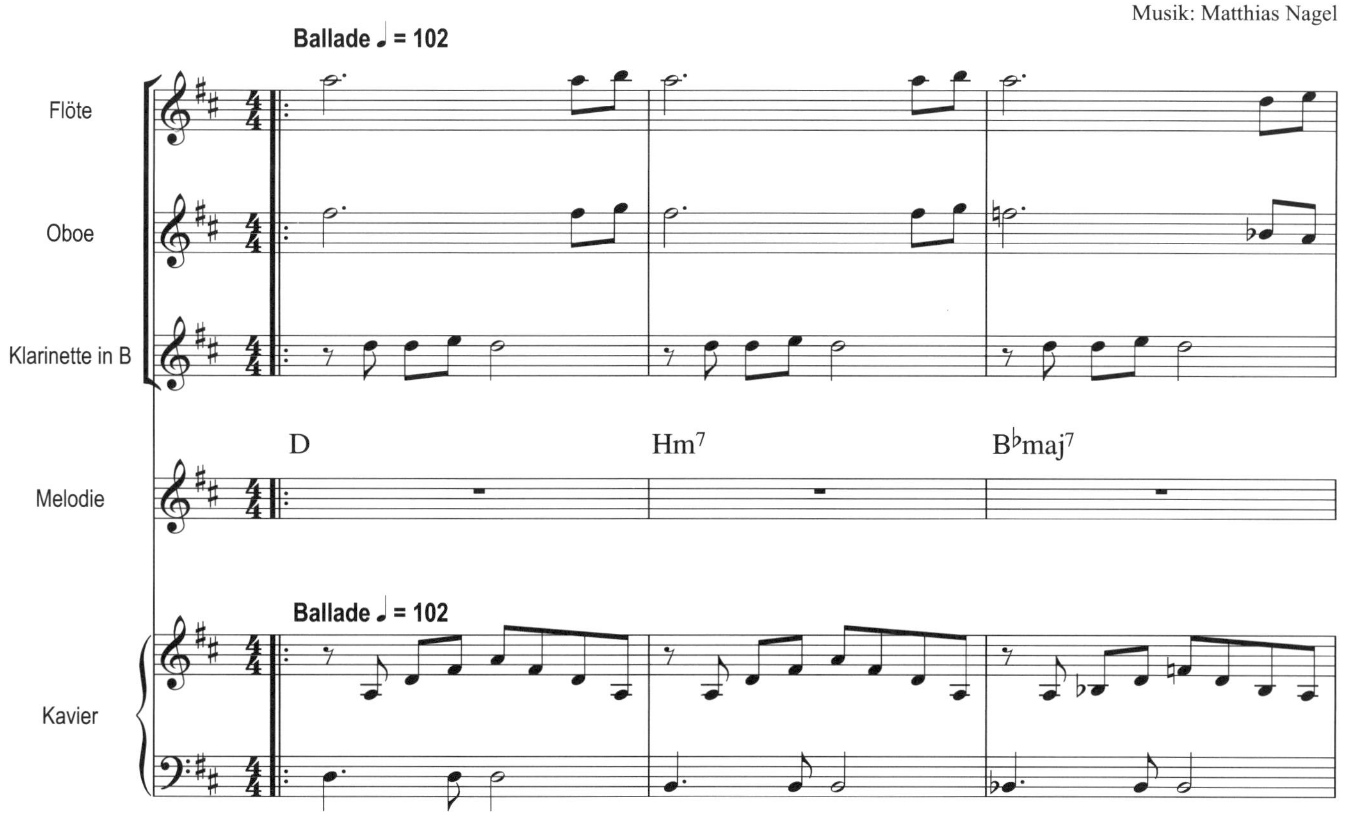

7
Fl.
Ob.
Kl. (B)
Hm
B♭
Asus4
A
D
Mel.
nicht im Bet - te sit - zen, sprin - ge auf und lauf und lauf, sprin - ge auf und lauf und lauf!
träumt von bun - ten Scha - fen und vom Mur - mel-, Mur - mel - tier, und vom Mur - mel-, Mur - mel - tier.
Klav.

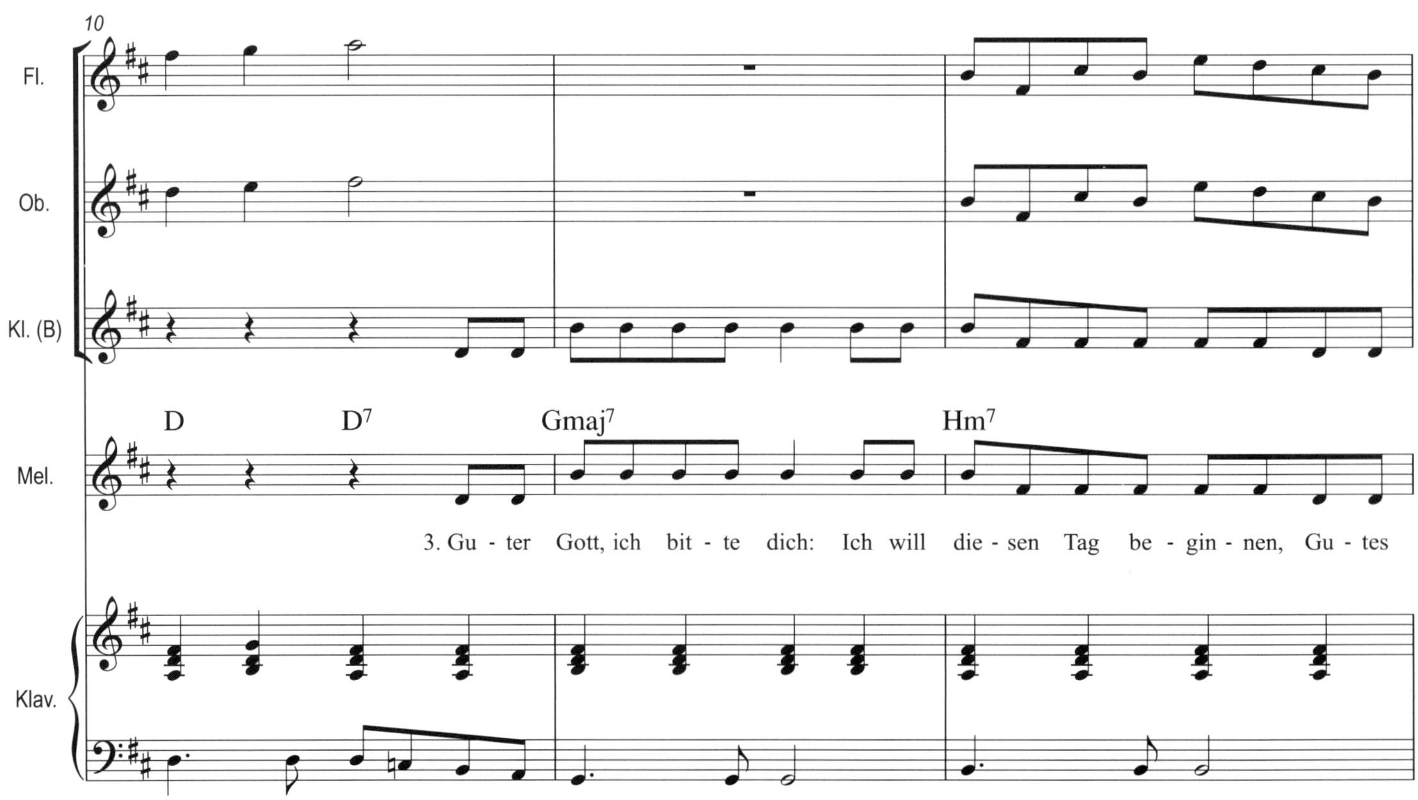
10
Fl.
Ob.
Kl. (B)
D
D7
Gmaj7
Hm7
Mel.
3. Gu - ter Gott, ich bit - te dich: Ich will die - sen Tag be - gin - nen, Gu - tes
Klav.

13
Fl.
Ob.
Kl. (B)
Gmaj7 Asus4 A Asus4 A
laut geflüstert oder gerufen
Mel.
tun und Glück ge - win - nen, da - zu lei - te mich, lei - te mich, lei - te mich, lei - te mich.
Klav.

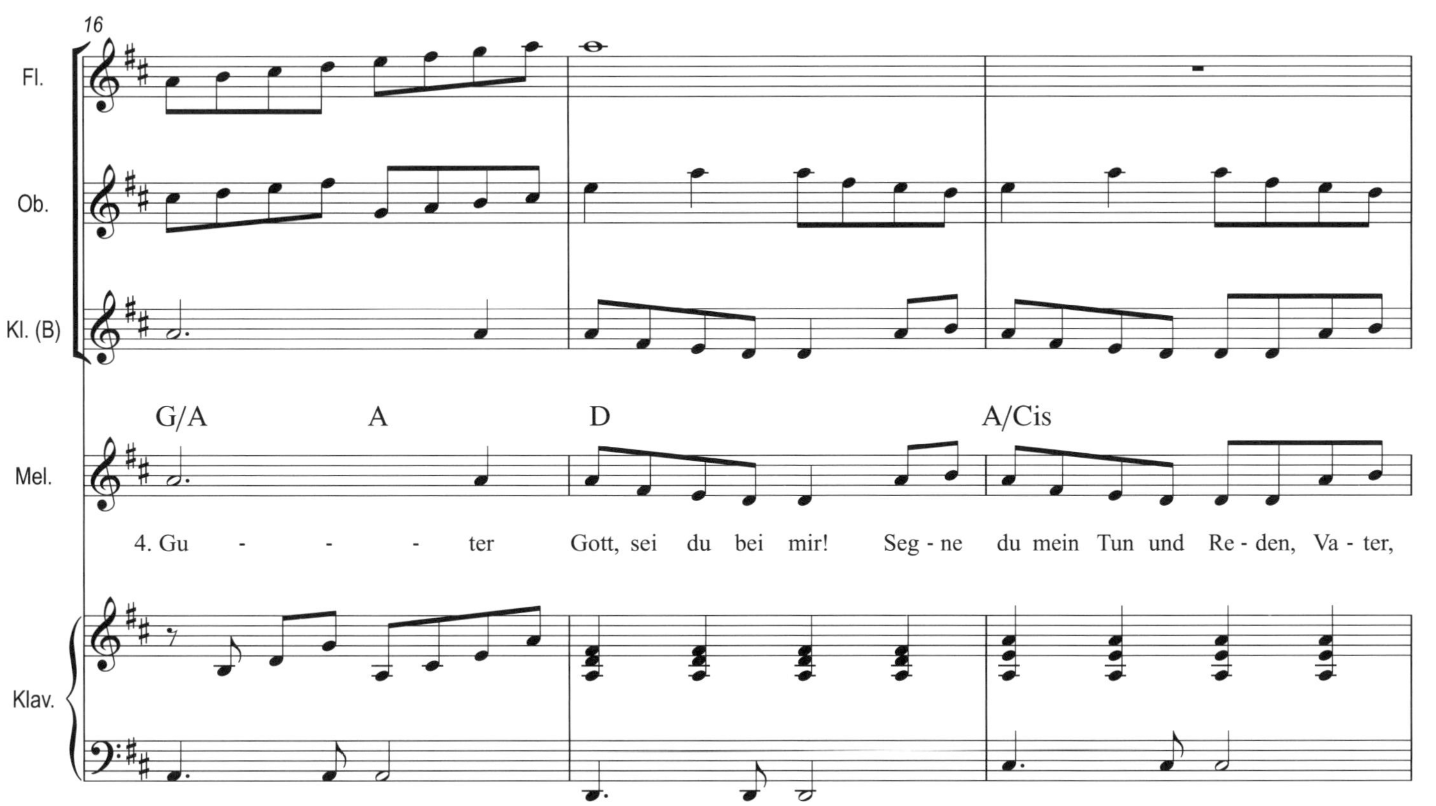
16
Fl.
Ob.
Kl. (B)
G/A A D A/Cis
Mel.
4. Gu - - - ter Gott, sei du bei mir! Seg - ne du mein Tun und Re - den, Va - ter,
Klav.

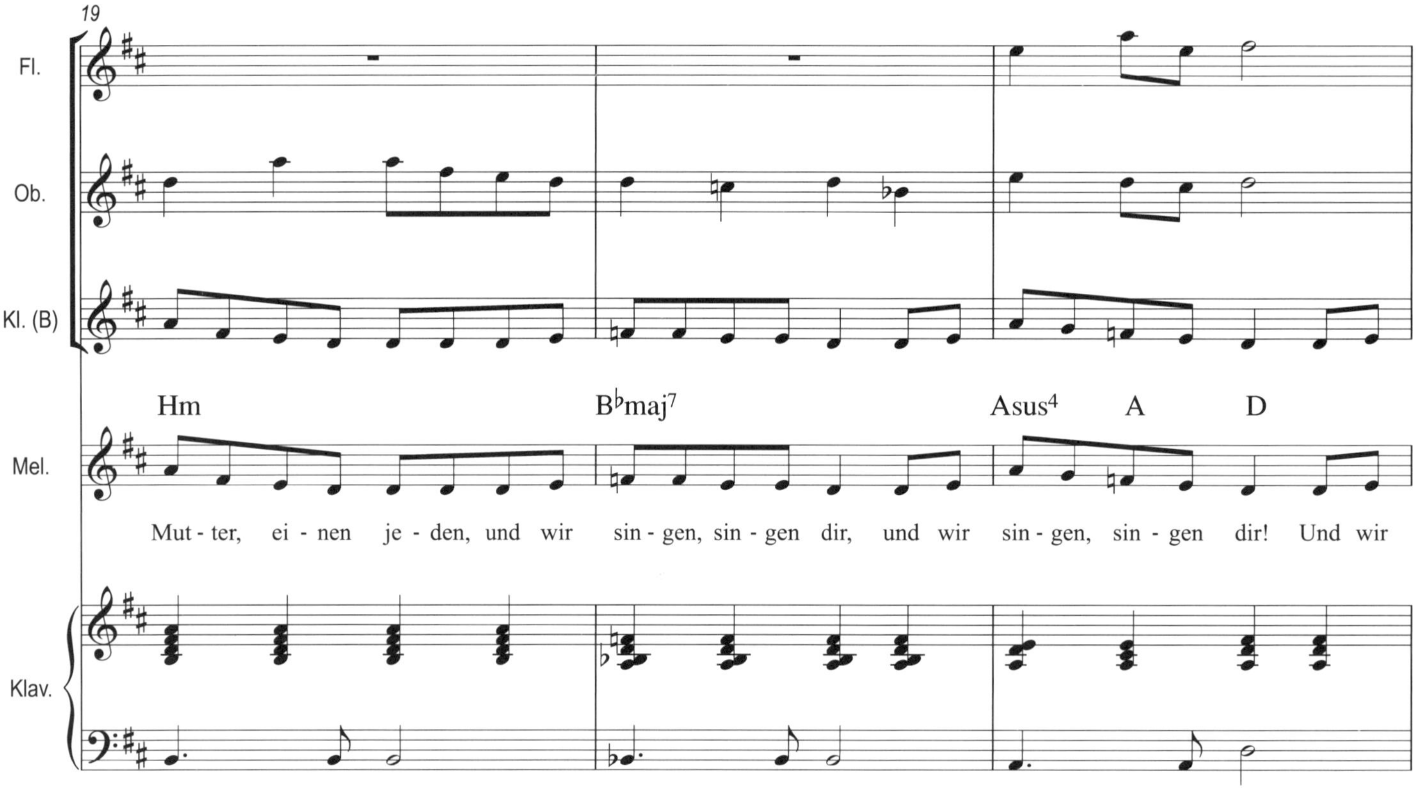
19
Fl.
Ob.
Kl. (B)
Mel.
Klav.
Hm
B♭maj7
Asus4 A D
Mut - ter, ei - nen je - den, und wir sin - gen, sin - gen dir, und wir sin - gen, sin - gen dir! Und wir

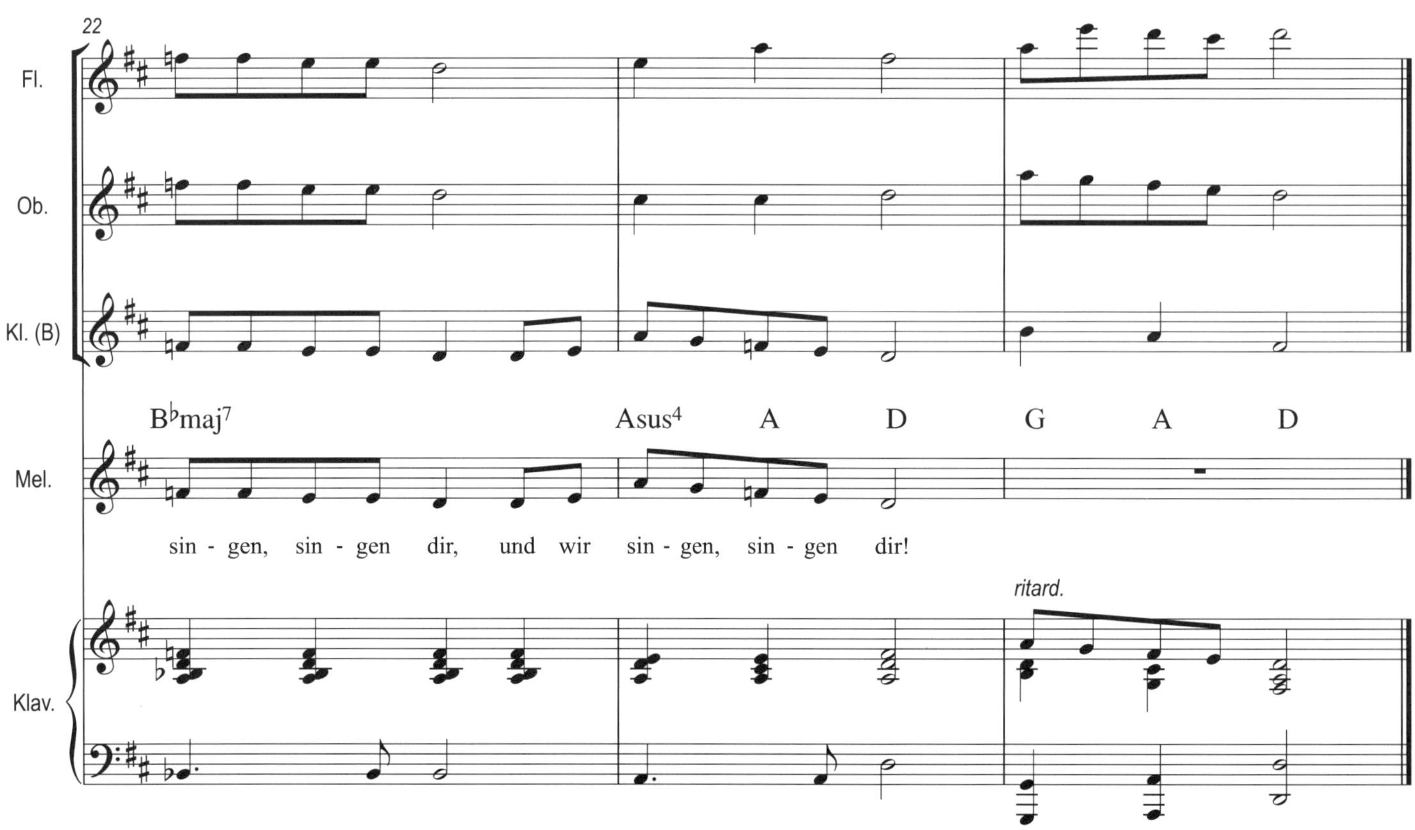
22
Fl.
Ob.
Kl. (B)
Mel.
Klav.
B♭maj7
Asus4 A D
G A D
sin - gen, sin - gen dir, und wir sin - gen, sin - gen dir!
ritard.

2

# Wer hat die Berge, die Wälder gemacht?

Text: Dieter Stork
Musik: Matthias Nagel

9
Fl.
Ob.
Kl.(B)
Asax.
D
A/D
C/D
Mel.
Wer sagt der Son - ne am Mor - gen: "Steh auf!"?
Wer spricht zum Mond am A -
Klav.

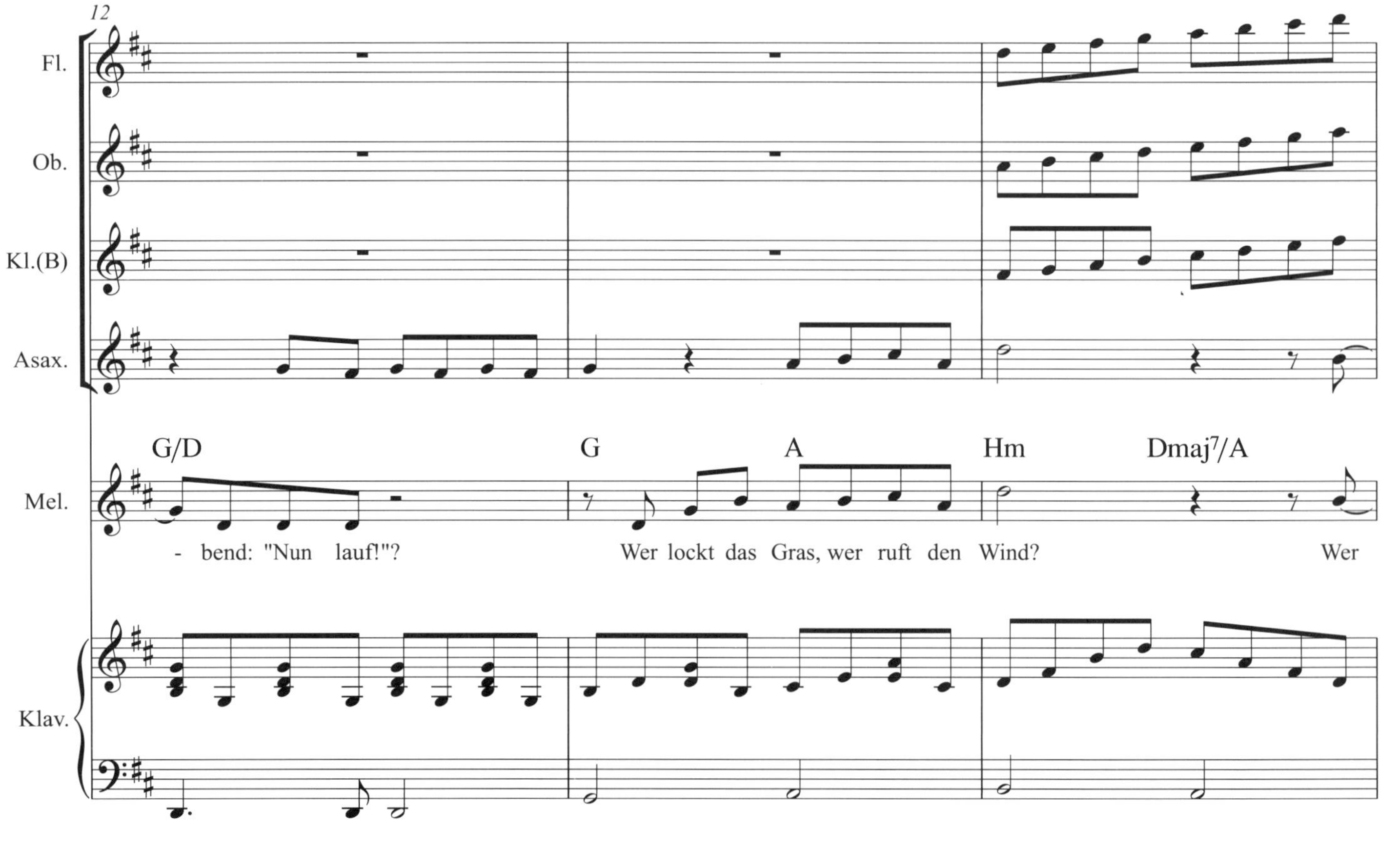
12
Fl.
Ob.
Kl.(B)
Asax.
G/D
G
A
Hm
Dmaj7/A
Mel.
- bend: "Nun lauf!"?
Wer lockt das Gras, wer ruft den Wind?
Wer
Klav.

2. Wer malte den Himmel so grau in grau,
am andren Tage dann klar und blau?
Wer gibt uns den Tag? Wer schenkt uns die Nacht?
Wer hat den Sommerregen gebracht?
Wer weckt die Saat, den Halm, das Korn?
Wer schenkt, dass Kinder werden geborn?

3. Du Vater, hast diese Welt uns gemacht!
Du schenkst uns den Tag, du schenkst uns die Nacht.
Du schaffst das Blattwerk, den Baum und den Zweig,
machst Reiche arm und Arme doch reich.
Du, Vater, bist's, der diese Welt
und auch mein Leben trägt und erhält.

3

# Der Himmel steigt und fällt

Text: Dieter Stork
Musik: Matthias Nagel

2. Ein jeder Baum und Strauch, und alle Menschen auch
gehören Gott, dem Herrn, :ich und der fernste Stern:
Ich will die Welt entdecken, mich dehnen, weiten, strecken,
dir die Hände reichen, als mein Friedenszeichen.

3. Und ich vor meiner Tür, und du und ihr und wir,
wir singen euch im Chor :dies kleine Liedlein vor:
Ich will die Welt entdecken, mich dehnen, weiten, strecken,
dir die Hände reichen, als mein Friedenszeichen.

# 4
# Ich schwimme gern im großen Fluss

Text: Dieter Stork
Musik: Matthias Nagel

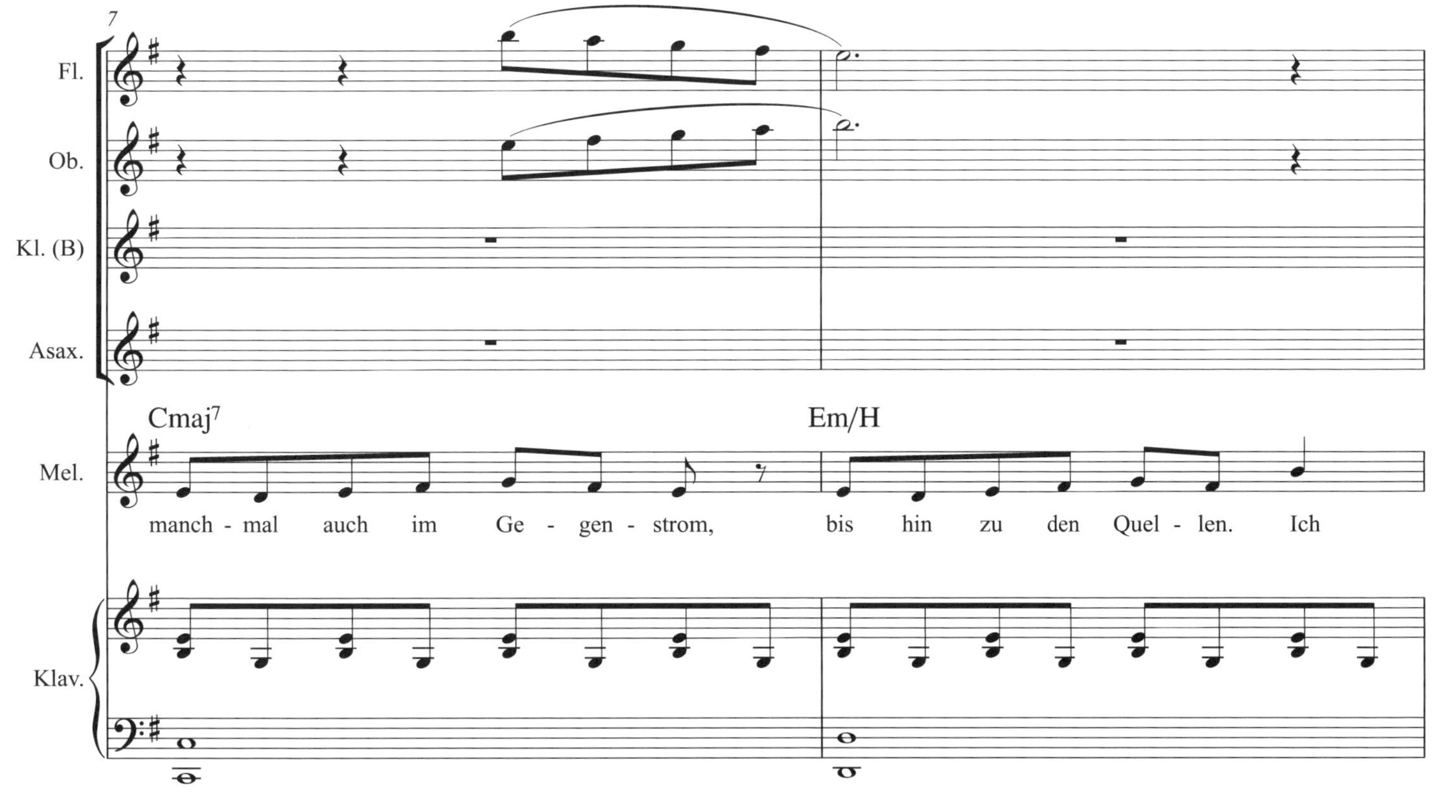
7
Fl.
Ob.
Kl. (B)
Asax.
Cmaj7
Em/H
Mel.
manch - mal auch im Ge - gen - strom, bis hin zu den Quel - len. Ich
Klav.

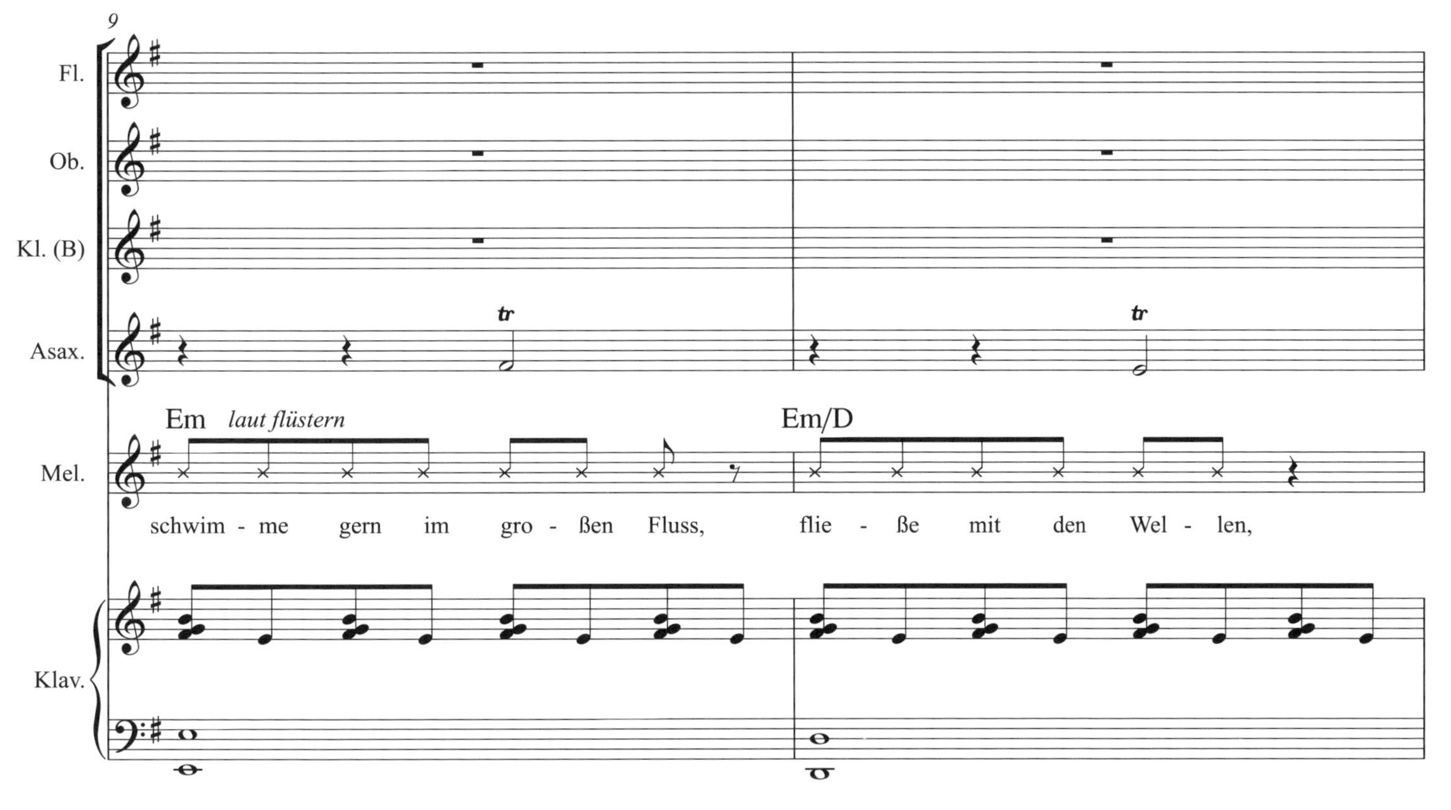
9
Fl.
Ob.
Kl. (B)
Asax.
tr
tr
Em laut flüstern
Em/D
Mel.
schwim - me gern im gro - ßen Fluss, flie - ße mit den Wel - len,
Klav.

2. Ich schwimme gern im großen Fluss,
lasse mich gern treiben,
gebe mich der Strömung hin.
: Ich kann's kaum beschreiben! :

3. Ich schwimme gern im großen Fluss,
schwimm in ferne Länder.
Wellen, sie umfließen mich,
: schimmernd helle Bänder! :

4. Ich schwimme gern im großen Fluss,
fließe mit den Wellen,
manchmal auch im Gegenstrom,
: bis hin zu den Quellen. :

# 5
# Wer sitzt dort auf dem Zweige

Text: Dieter Stork
Musik: Matthias Nagel

2. Wer wiegt sich auf dem Aste
und ruft und singt und tönt?
: Die Amsel, die Amsel -,
hab mich an sie gewöhnt. :

3. Wer hockt dort in der Linde
und murrt und burrt und schnurrt?
: Die Taube, die Taube,
die Liebeslieder gurrt! :

4. Wer steckt dort im Gebüsche
und tschilpt und zwitschert frech?
: Die Spatzen, die Spatzen,
die schwirren los - so'n Pech! :

5. Wer birgt sich im Holunder?
Ich hab den Ton gespürt!
: Nachtigall, du schöne,
dein Lied hat mich berührt! :

# 6
# Als die Fische zusammenkamen

Text: Dieter Stork
Musik: Matthias Nagel

9
Fl.
Ob.
Kl. (B)
Asax.
C F G C
Mel.
an die Flos - sen nah - men, plipp, plopp, plupp. Als sie
Klav.

13
Fl.
Ob.
Kl. (B)
Asax.
F♯0 C/G F♯0 C/G A7
Mel.
durch die Nord - see schwam - men, oh - ne Un - fall, oh - ne Ram - men, hör - te ich ihr stum - mes
Klav.

18
Fl.
Ob.
Kl. (B)
Asax.
D7
G7
C
Mel.
Sin - gen: "Ja, wir Fi - sche wer - den's brin - gen!" Plipp, plopp, plupp,
Klav.

22
Fl.
Ob.
Kl. (B)
Asax.
F7
G7
C
Mel.
Hei - ner, Pitt und Jupp,
Klav.

2. Als die Vögel zusammenkamen, piep, piep, piep!
Und sich an die Flügel nahmen, piep, piep, piep!
Als sie nickten und laut schwatzten
und sich mit dem Kratzfuß kratzten,
hörte ich ihr Vogelsingen:
"Ja, wir Vögel werden's bringen!
: Piep, piep, piep, haben uns sehr lieb!" :

3. Als die Tiere zusammenkamen, hi, ho, ha!
Und sich an die Pfoten nahmen, hi, ho, ha!
Als sie brüllten, grunzten, pfiffen,
kraulend in ihr Fell sich griffen,
hörte ich den Tierchor singen:
"Ja, wir Tiere werden's bringen!
: Hi, ho, ha! Wir sind alle da !" :

4. Als die Menschen zusammenkamen, du, ich, wir!
Und sich an die Hände nahmen, du, ich, wir!
Wenn wir lachen und erzählen,
uns nicht zanken, uns nicht quälen,
macht' ich mit beim Menschensingen:
"Ja, wir Menschen werden's bringen!
: Du, ich, wir - wir sind alle hier!" :

# 7
# Diese Erde ist dein Garten

Text: Dieter Stork
Musik: Matthias Nagel

10
Asax.
Mel.
Klav.
A♭ E♭/B♭ A♭/C B♭
Rot - kohl pflan - zen, Ra - sen mä - hen und ganz fröh - lich auf das Früh - jahr__ war -
12
E♭ Fm E♭/G
- ten. Ja, wir wer - den ha - cken, sä - en,
14
A♭ E♭/B♭ A♭/C B♭
Rot - kohl pflan - zen, Ra - sen mä - hen und ganz fröh - lich auf das Früh - jahr__ war -

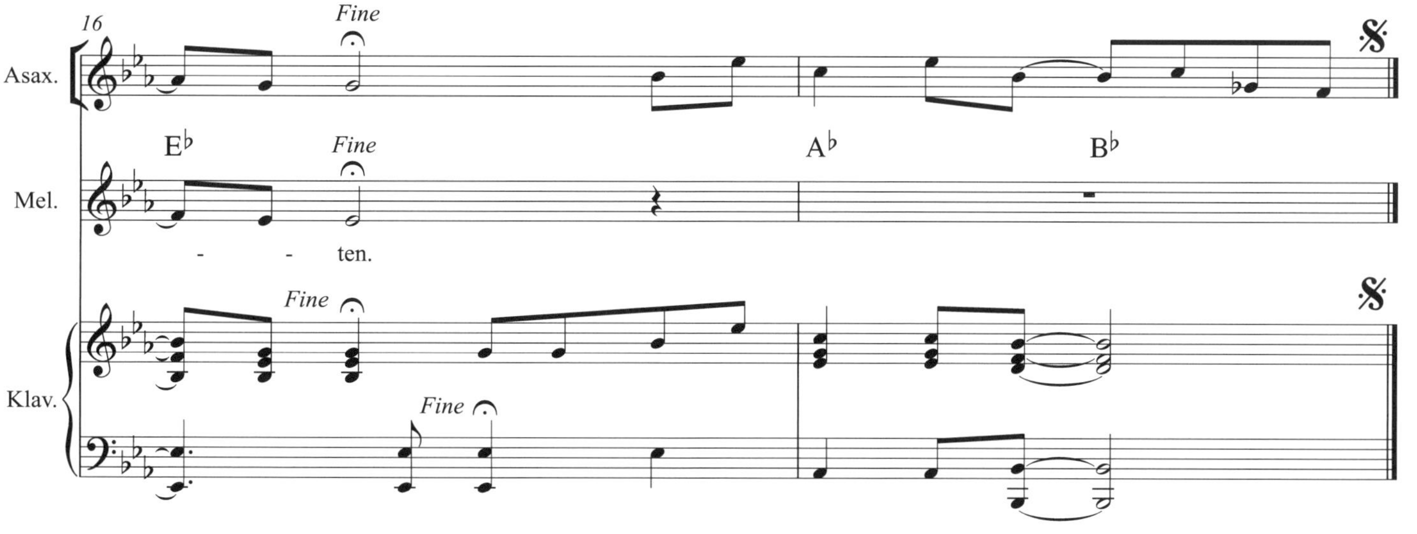


2. Diese Erde ist dein Garten,
ja, er blüht für uns.
: Er soll allen Leuten nützen.
Und wir sollen ihn beschützen
und ganz fröhlich auf den Sommer warten. :

3. Diese Erde ist dein Garten,
der uns Früchte bringt.
: Ernten werden wir und teilen,
gern in deinem Garten weilen
und ganz fröhlich auf die Herbstzeit warten. :

4. Diese Erde ist dein Garten,
den du, Gott, uns schenkst.
: Niemand, niemand soll sich drücken,
wenn wir nun zusammenrücken
und ganz fröhlich auf den Winter warten. :

# 8
# Die Welt ist schön

Text: Dieter Stork
Musik: Matthias Nagel

7
Fl.
G C D7 G G C
Mel.
la - li - la, la - la - li - la, wir sind zu - sam - men da. La - la - li - la, la - la - li - la, wir
Klav.
10
Fl.
Kl. (B)
G/D D7 G E♭7 A♭ D♭ A♭/E♭ E♭7 A♭
Mel.
sind zu - sam - men da. 2. Die
Klav.
13
Kl. (B)
A♭ D♭ E♭7 A♭ D♭
Mel.
Welt ist bunt, die Welt ist schön. Ich kann auf ihr spa - zie - ren gehn, will dich und euch be - grü - ßen, mit
Klav.

16
Kl. (B)
A♭/E♭ E♭ A♭ A♭ D♭ E♭7 A♭
Mel.
Au - gen, Hän - den, Fü - ßen! La - la - li - la, la - la - li - la, wir sind zu - sam - men da. La -
Klav.
19
Ob.
Kl. (B)
A♭ D♭ A♭/E♭ E♭7 A♭ E7 A D A/E E7 A
Mel.
la - li - la, la - la - li - la, wir sind zu - sam - men da. 3. Die
Klav.
23
Ob.
A D E7 A D
Mel.
Welt ist schön, die Welt ist bunt, und Wol - ken ziehn am Him - mels - rund, ich möch - te tan - zen, sin - gen! Mit
Klav.

26
Fl.
Ob.
Kl. (B)
E7 A A D
Mel.
euch soll's hell er - klin - gen! La - la - li - la, la - la - li - la, wir
Klav.

28
Fl.
tr
Ob.
Kl. (B)
E7 A A D A/E E7 A
Mel.
sind zu - sam - men da. La - la - li - la, la - la - li - la, wir sind zu-sam-men da.
Klav.

# 9
# Guten Morgen, Herr Löwe

Text: Dieter Stork
Musik: Matthias Nagel

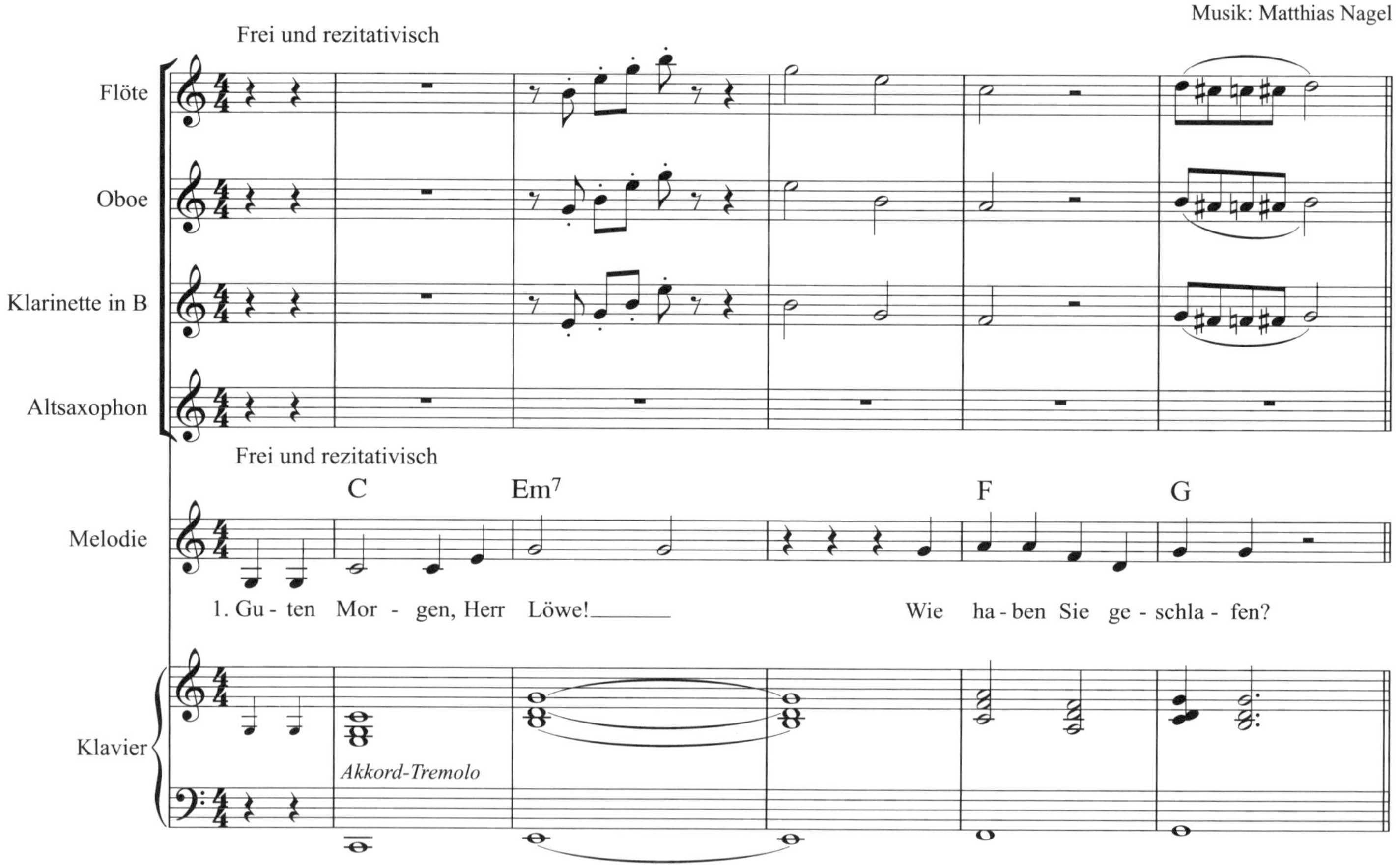

2. Guten Morgen, Frau Füchsin!
Wie haben Sie geträumet?
Oder ha'm se den Gansstall besuchet und geräumet?
Oder ha'm se den Gansstall besuchet und geräumet?

3. Guten Morgen, Herr Kater!
Wie haben Sie geschlafen?
Oder ha'm se die Vögel gejaget - diese braven?
Oder ha'm se die Vögel gejaget - diese braven?

# 10
# Ich kenn 'ne Elefantenkuh

Text: Dieter Stork
Musik: Matthias Nagel

11
Fl.
Ob.
Kl. (B)
Asax.
G7 C (Dm D♯0 C/E) F C/E Dm G7 C
Mel.
E - sel kommt aus We - sel. Wenn sich die bei - den tref - fen, tri, tra, tref - fen, dann
Klav.

15
Fl.
Ob.
Kl. (B)
Asax.
F C/E Dm G7 C F C/E
Mel.
wer - den sie, dann wer - den sie laut röh - ren und nicht kläf - fen. Iah, iah, ho!
Klav.

2. Ich kenne auch ein Krokodil
und einen netten Affen.
Frau Kroko schwimmt im Flusse Nil,
den Affen zu begaffen.
Wenn sich die beiden sehen,
si-, sa-, sehen,
dann werden sie, dann werden sie
sich aus dem Wege gehen!
: Gria, gria, groh! Gria, gria, groh! :

3. Ich kenne auch ein Löwenkind,
das schüttelt seine Mähne.
Das trifft am Wasserloch ein Rind,
das hat sehr scharfe Zähne.
Wenn sich die beiden grüßen,
gri-, gra-, grüßen,
dann werden sie, dann werden sie
weglaufen auf vier Füßen!
: Tiptap, tiptap to! Tiptap, tiptap to! :

4. Ich kenne auch ein Menschenkind.
Vielleicht bin ich das selber!
Na klar, ich bin ein Wirbelwind,
ein weißer, roter, gelber!
Wenn wir uns heute treffen,
tri-, tra-, treffen,
dann werden wir, dann werden wir
laut lachen und nicht kläffen!
: Hia, hia, ho! Hia, hia, ho! :

# 11
# Ach, was machen wir für Sachen!

Text: Dieter Stork
Musik: Matthias Nagel

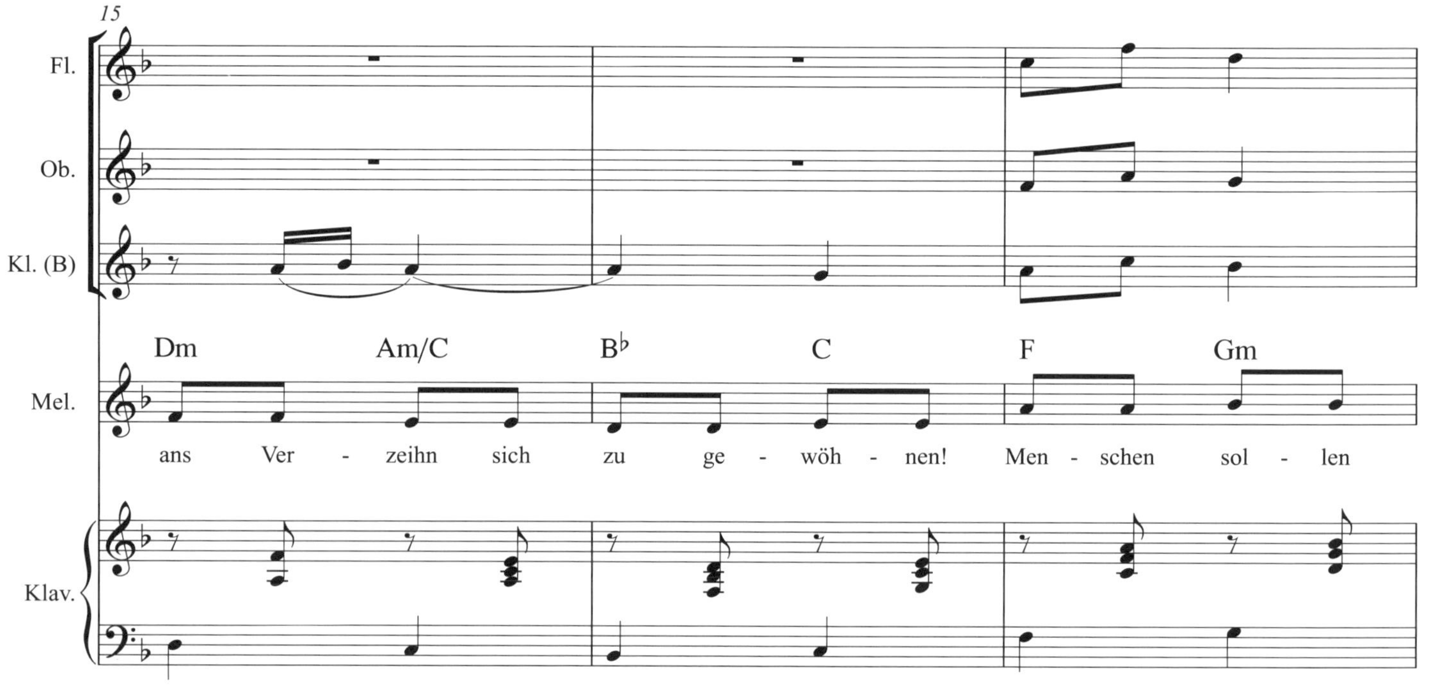

2. Und wir stolpern über kleine,
dicke und auch große Steine.
Und wir fallen und zerstören
Dinge, die uns nicht gehören.

Refrain:
Gott lädt ein, sich zu versöhnen,
ans Verzeihn sich zu gewöhnen!
Menschen sollen Frieden geben
und gemeinsam überleben!

3. Ich vertrau, dass deine Erde,
Gott, uns neu zum Garten werde,
den gemeinsam wir gestalten,
an dein Gotteswort uns halten.

Refrain:
Gott lädt ein, sich zu versöhnen,
ans Verzeihn sich zu gewöhnen!
Menschen sollen Frieden geben
und gemeinsam überleben!

12

# Was ist der Friede, den wir alle brauchen?

Was ist der Friede, den wir alle brauchen?
Der Friede fängt in unsern Herzen an!
Doch soll er sich da drinnen nicht verkrauchen.
Er will heraus, dass ich ihn schmecken kann!

Der Friede will in alle Länder strömen,
will alle starren Grenzen überwinden.
Er will nach China und ins Land der Böhmen.
Kann er den Weg zu meinem Herzen finden?

Werd ich mich ändern, weil ich klar erkenne,
dass Streit und Krieg niemals den Frieden bauen?
Nur wenn ich meine eignen Fehler nenne,
wächst diese Chance, dass wir den Frieden schauen!

Von mir zu dir soll dieser Friede wachsen.
Zum Gruß der Freundschaft soll er für dich werden.
Und drehen Welten sich um tausend Achsen –,
im Herzen wächst der Frieden, hier auf Erden.

Ja, nur der Friede kann den Frieden schaffen!
Ich lad' dich ein. Wir wollen, feiern, singen!
Der Friede kommt ganz ohne Streit und Waffen,
will Hand in Hand uns ins Vertrauen bringen.

Vertrauen wird die Grenzen überfliegen,
von mir zu dir, fast ohne Angst und Schwere!
Vertrauen kann die alte Angst besiegen,
dass ich dir fern und nur ein Fremder wäre.

Komm, reich mir deine Hand! Wir wollen leben.
Die Freundschaft wächst im Teilen ohne Mühen:
Du, tritt zu mir, ich will die Hand dir geben.
Die Lieder lachen und die Funken sprühen.

Was ist der Friede, den wir alle brauchen?
Der Friede fängt in unsern Herzen an!
Doch soll er sich da drinnen nicht verkrauchen.
Er will heraus, dass ich ihn schmecken kann!

*Dieter Stork*

# 13
# Wir, wir, wir

Text: Dieter Stork
Musik: Matthias Nagel

# 14
# Wenn wir Braunen mit den Roten

Text: Dieter Stork
Musik: Matthias Nagel

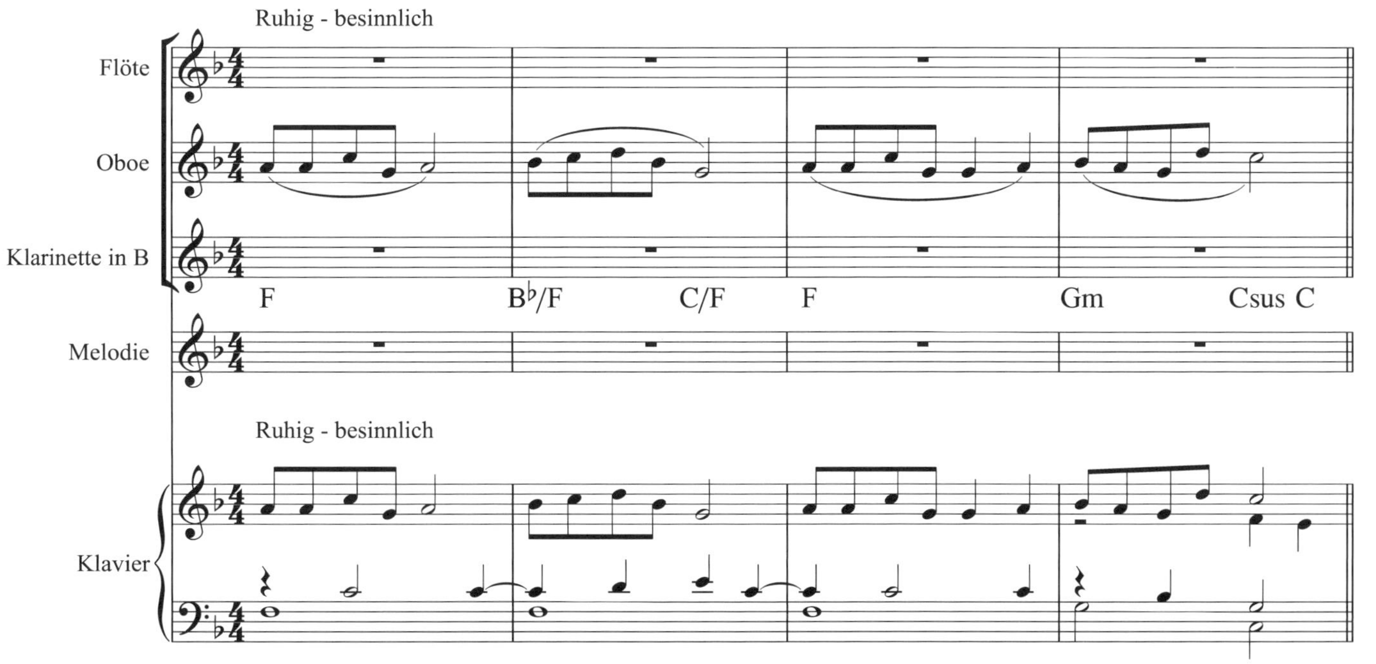


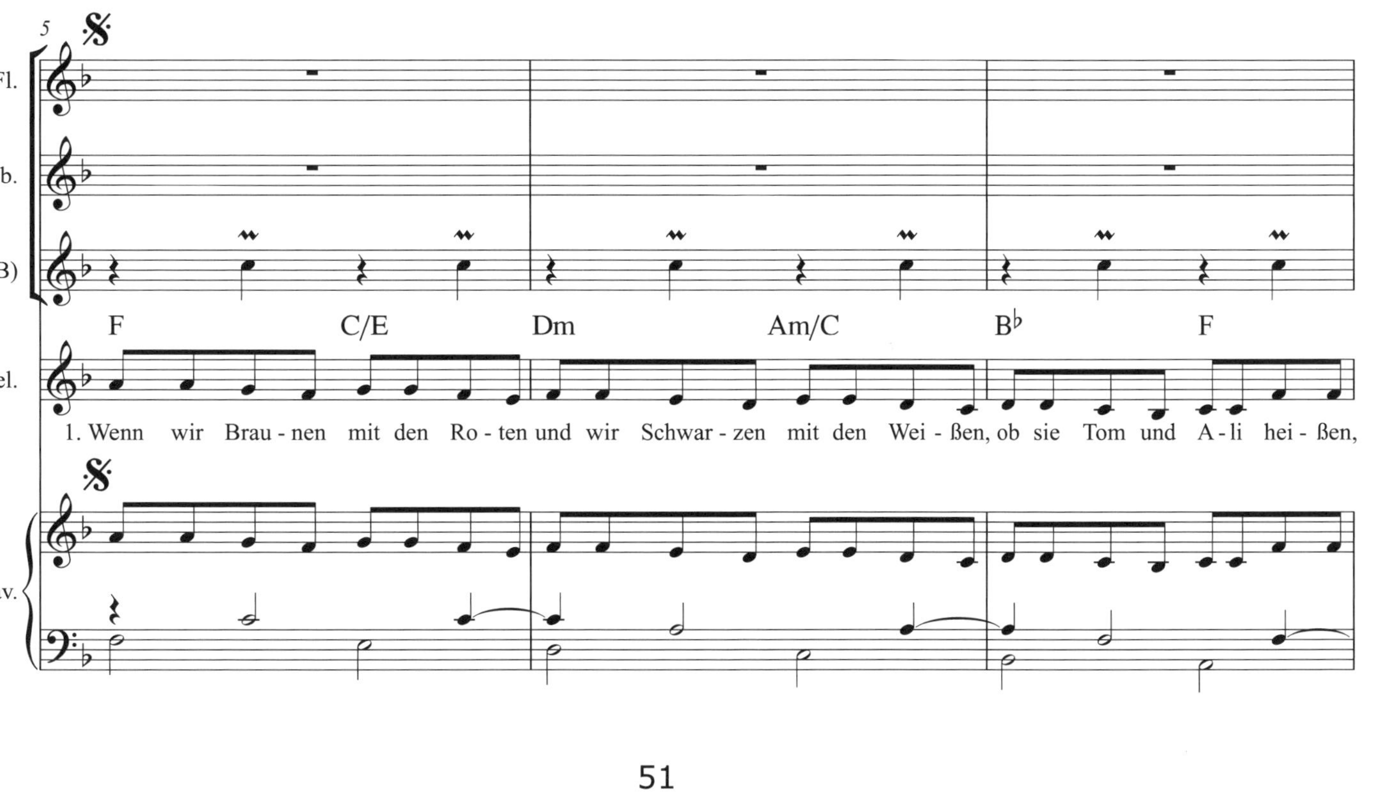

2. Wenn wir Gelben mit den Roten
und wir Schwarzen mit den Weißen,
ob wir Gerd und Gila heißen,
miteinander lachen,
miteinander lachen,
: werden wir nicht zanken, beißen,
sondern Frieden machen. :
Na na na .......
....... sondern Frieden machen.

3. Wenn wir Roten mit den Schwarzen
und wir Braunen mit den Weißen,
ob wir King und Bing nun heißen,
miteinander gehen,
miteinander gehen,
: werden wir jetzt Freunde heißen -
und zusammenstehen. :
Na na na .......
....... und zusammenstehen.

4. Wie Strophe 1

# 15
# Gott, an deinem Tisch

Text: Dieter Stork
Musik: Matthias Nagel

8
Fl.
Ob.
Kl. (B)
Asax.
C
Em
G/H
Mel.
sit - zen wir heut al - le. Und du seg - nest, und du seg - nest
Klav.

11
Fl.
Ob.
Kl. (B)
Asax.
C
Em
D
Mel.
Milch und Brot und Fisch, seg - nest uns und al - le.
Klav.

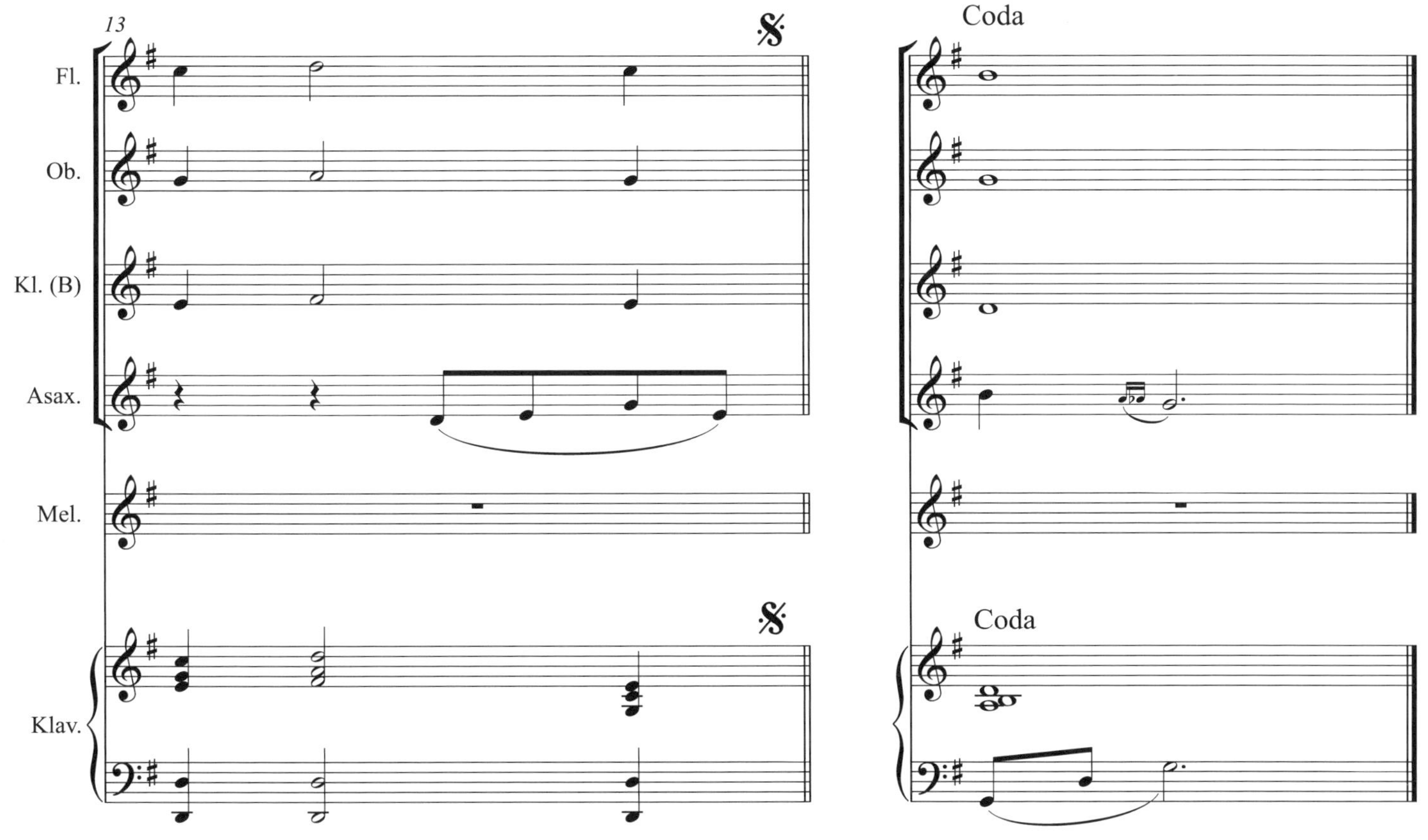


2. Gott, an deinem Tisch
darf heut niemand fehlen,
Gott an deinem Tisch
darf heut niemand fehlen.
Und du segnest,
und du segnest
Äpfel, Brot und Fisch,
denen, die sich quälen.

3. Gott, an deinem Tisch
finden alle Frieden,
Gott, an deinem Tisch
finden alle Frieden.
Und du segnest,
und du segnest
Früchte, Brot und Fisch.
Menschen, so verschieden.

4. wie Strophe 1

# 16
# Die Erde stürzt nicht in die Sonne

Text: Dieter Stork
Musik: Matthias Nagel

Ob.
Asax.
Mel.
Klav.
E♭ B♭ C/E
Der Him - mel fällt nicht auf die Er - de.
Ich hof - fe, dass es Som - mer
B♭/F E♭add2/G
wer - de,
trotz zu - viel Re - gen in der
Fsus F B♭7 E♭ B♭/D
Ton - ne.
Hei - ßa, ich will le - ben,

2. Vertrauen will ich, dass dein Friede
mich segnet und mir Zukunft schenkt,
dass jeder ans Versöhnen denkt
und jeder alle Feindschaft miede!
: Heißa, ich will leben,
Leben weiter-, Leben weitergeben! :

3. Im tiefsten Dunkel weckst du Leben
und Licht, weil du die Nacht erhellst
und dich im Finstern zu mir stellst.
Du wirst mich heilen und erheben.
: Heißa, ich will leben,
Leben weiter-, Leben weitergeben! :

# 17
# Guter Gott, ich schlafe ein

Text: Dieter Stork
Musik: Matthias Nagel

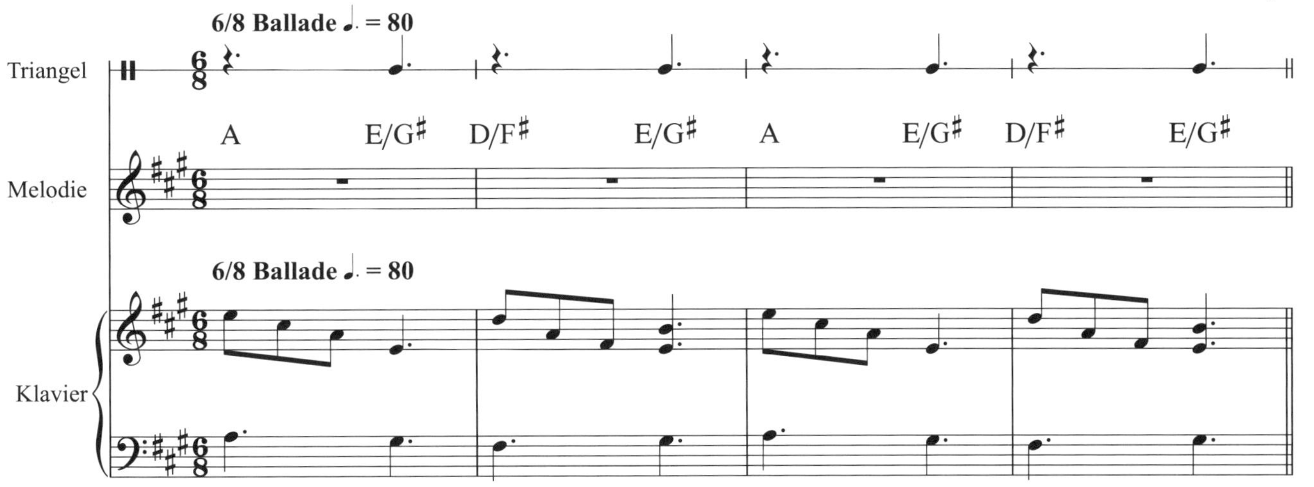

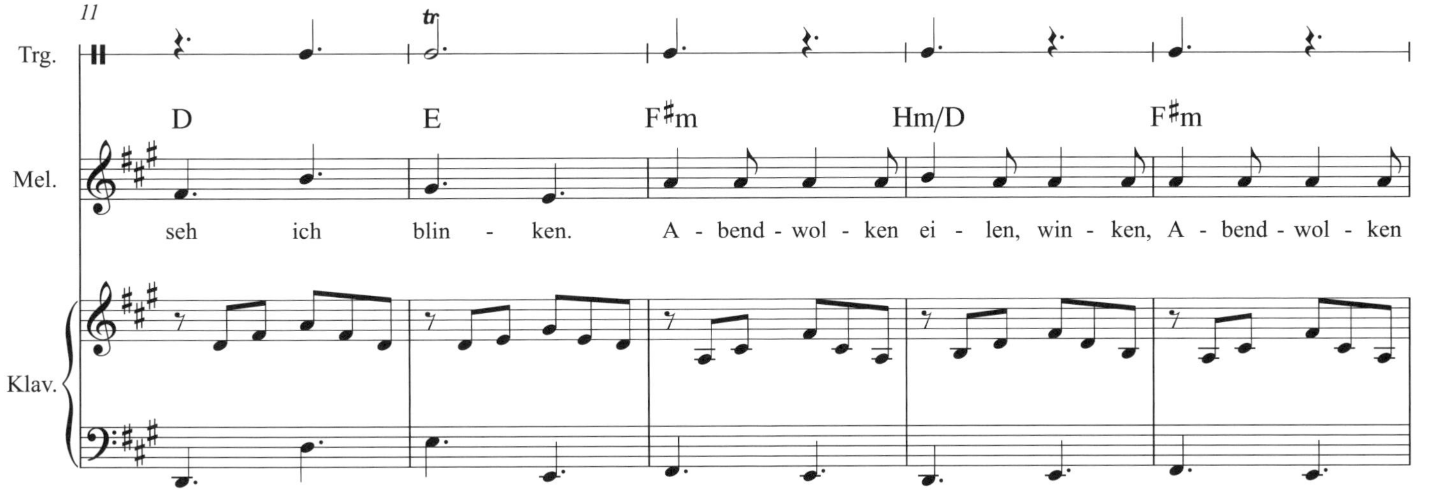

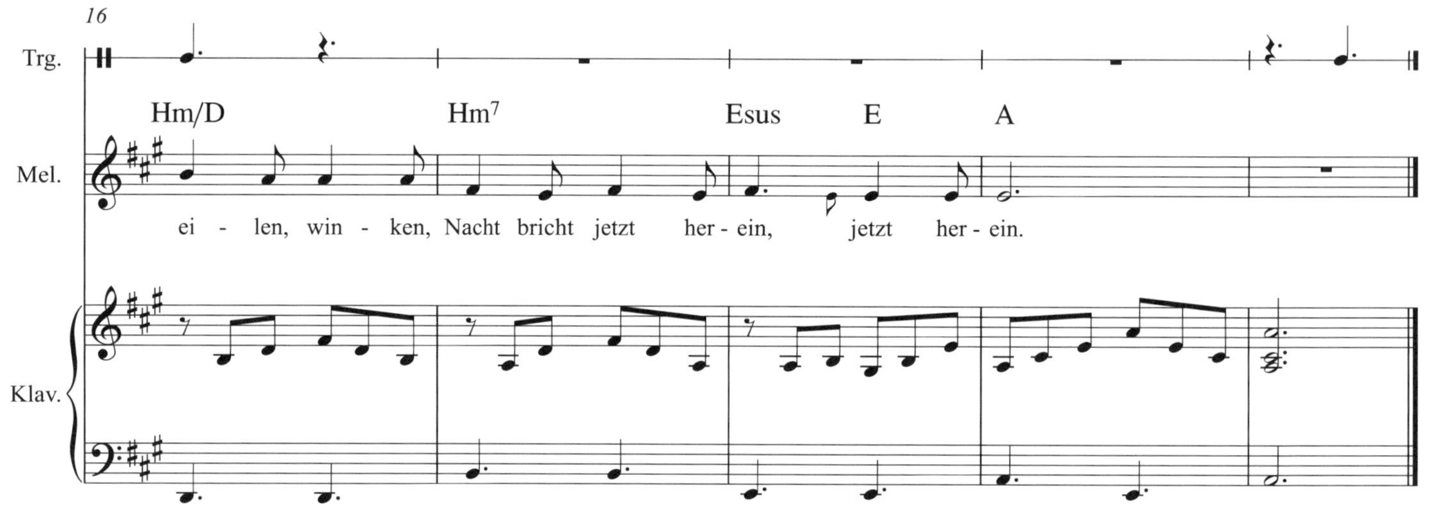


2. Guter Gott, ich will nun ruhn.
Vieles ist am Tag geschehen:
: Reden, hören, schmecken, sehen, :
singen, spielen, tun, spielen, tun.

3. Guter Gott, ich komm zu dir:
Alle Fehler, die ich machte,
: wo ich nicht an andre dachte, :
die verzeihe mir, verzeihe mir! :

4. Guter Gott, lass dies geschehn:
Mach, dass ich erleben werde,
: dass wir Menschen dieser Erde :
besser uns verstehn, uns verstehn.

# 18
# Alle Kinder auf der Erde

Text: Dieter Stork
Musik: Matthias Nagel

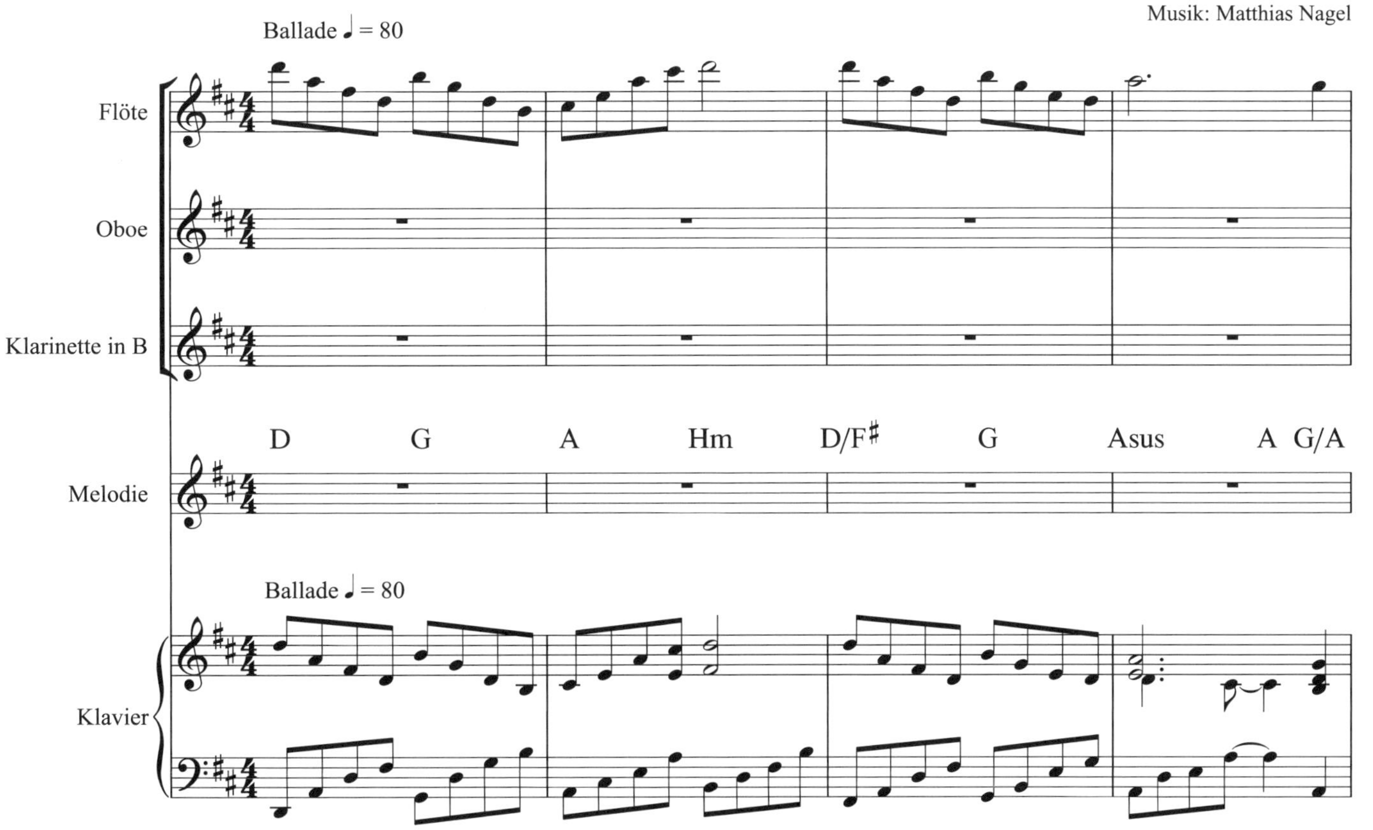

9
Fl.
Ob.
Kl. (B)
Gm6/D
D Em7 D/F♯ G A B♭
Mel.
Frie-den wer- den. Lei-se träu-me ich dir zu, träu-me ich dir zu:
Klav.

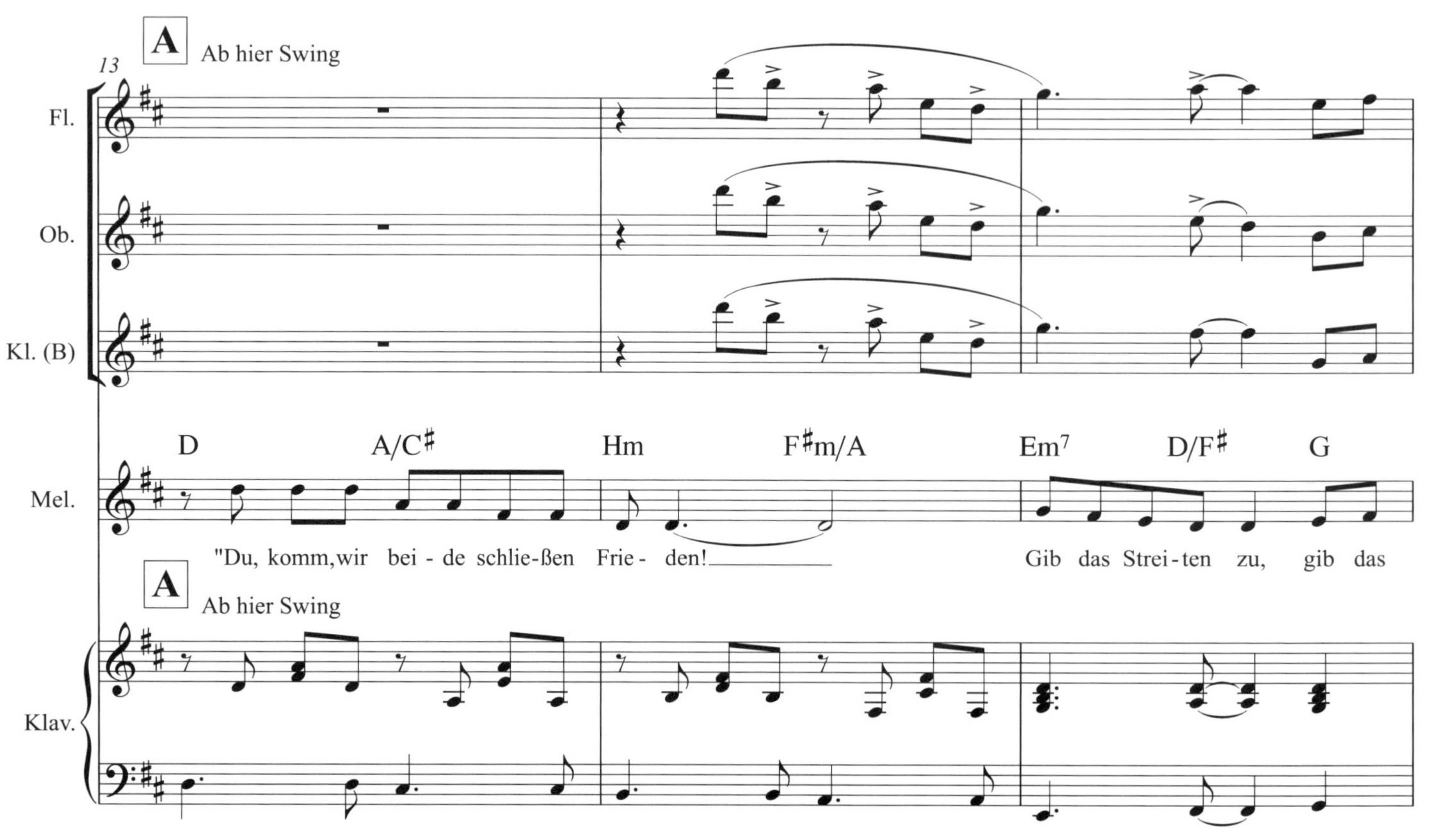
A
Ab hier Swing
13
Fl.
Ob.
Kl. (B)
D A/C♯ Hm F♯m/A Em7 D/F♯ G
Mel.
"Du, komm, wir bei - de schlie-ßen Frie- den! Gib das Strei-ten zu, gib das
A
Ab hier Swing
Klav.

2. Alle Kinder auf der Erde
singen, singen,
dass in allen Ländern
Menschen teilen werden.

*Leise singe ich dir zu,*
*singe ich dir zu:*
*"Du -, gib doch gern*
*aus vollen Händen*
*: deinen Teil dazu!" :*

3. Alle Kinder auf der Erde
rufen, rufen,
dass nun alle Völker
frei von Angst heut werden.

*Leise rufe ich dir zu,*
*rufe ich dir zu:*
*"Du -, schenk mir endlich*
*dein Vertrauen!*
*: Ich mach keinen Schmu!" :*

4. Alle Kinder auf der Erde
tanzen, tanzen,
dass nun viele Menschen
echte Freunde werden.

*Leise tanze ich dir zu,*
*tanze ich dir zu:*
*"Du -, komm, wir beide*
*schließen Freundschaft,*
*: ich und du, ja, du!" :*

# 19
# Gott, segne unser Leben
## Kanon

Text: Dieter Stork
Musik: Matthias Nagel

7
4.
Fl.
3.
Ob.
Kl. (B)
Asax.
3.
4.
G Em Am7 D G Em
Mel.
Al - les, was du schenkst und gibst, sind doch dei - ne
Klav.

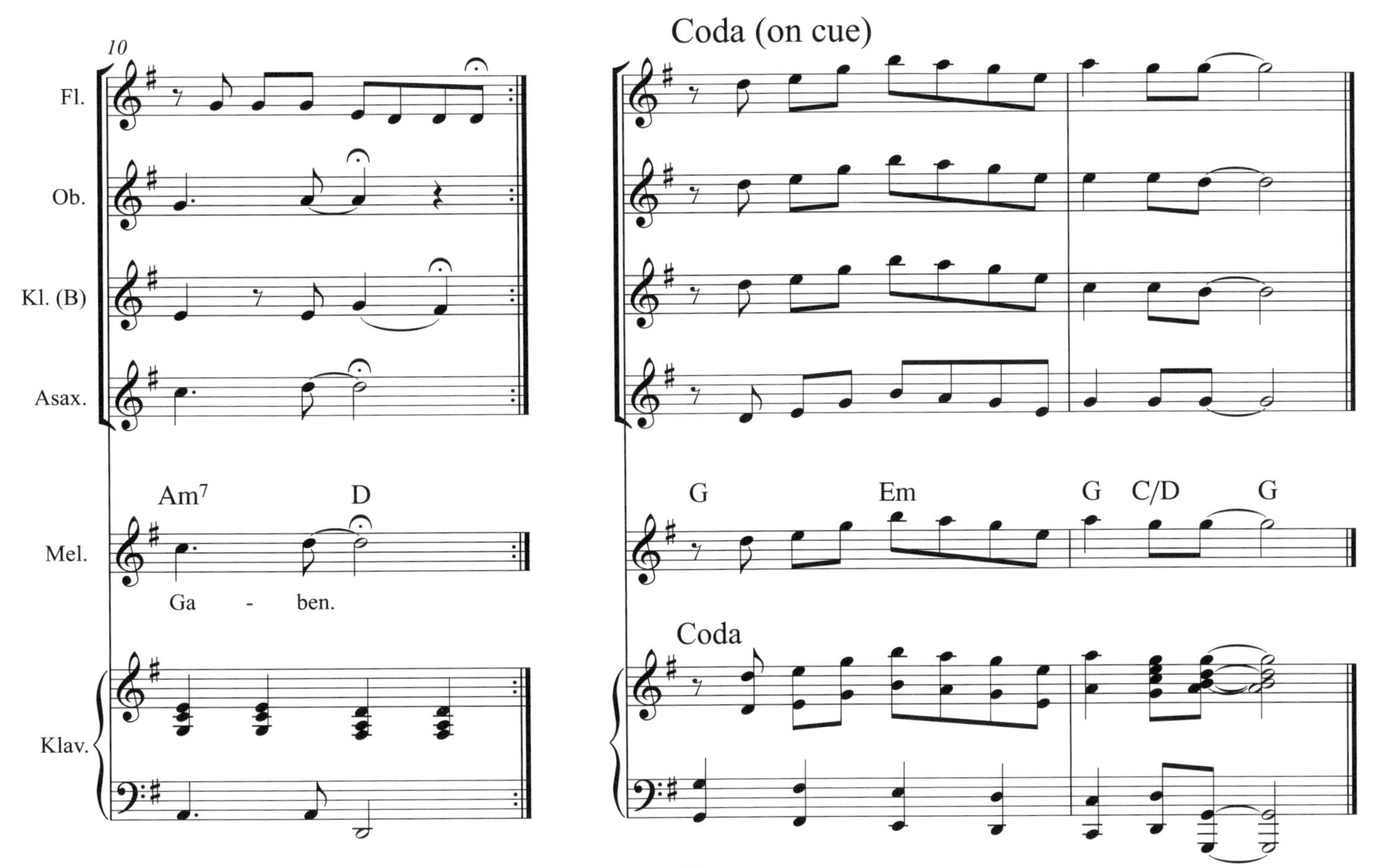
10
Coda (on cue)
Fl.
Ob.
Kl. (B)
Asax.
Am7 D
G Em G C/D G
Mel.
Ga - ben.
Coda
Klav.

**FLÖTE**



# 1 Guter Gott, ich wache auf

Text: Dieter Stork
Musik: Matthias Nagel

Ballade ♩ = 102

# 2 Wer hat die Berge

Ballade ♩ = 96

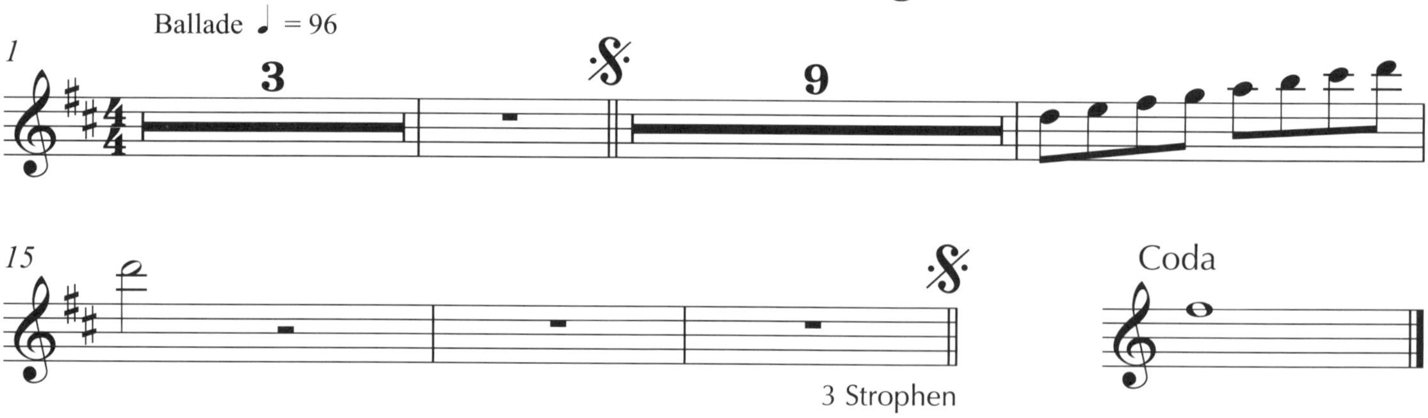


# 3 Der Himmel

# 4 Ich schwimme gern

4 Strophen

# 5 Wer sitzt dort

5 Strophen

# 6 Als die Fische

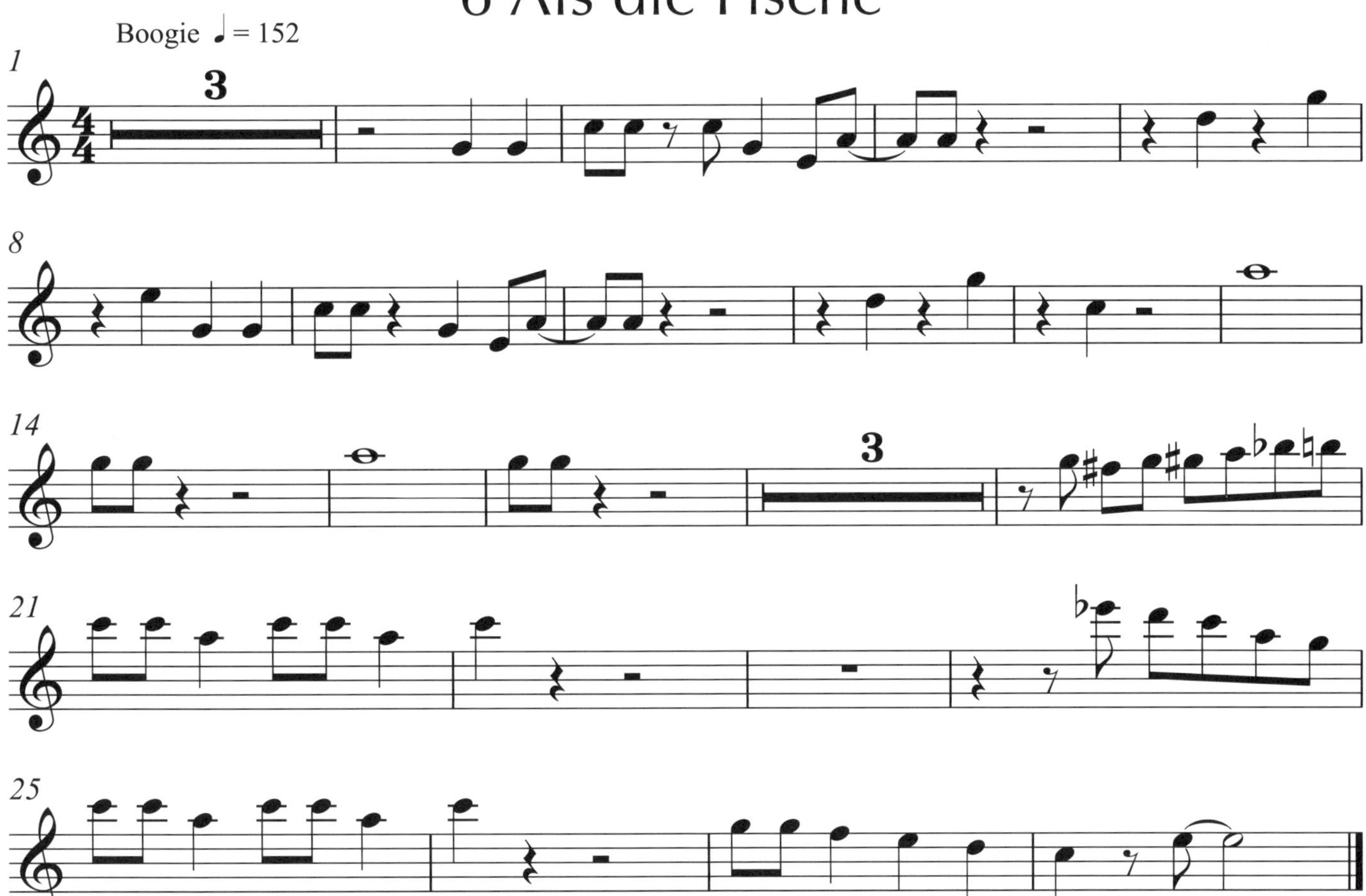


4 Strophen

# Nr. 7 tacet

# 8 Die Welt ist schön

# 9 Guten Morgen, Herr Löwe

3 Strophen

# 10 Ich kenn 'ne Elefantenkuh

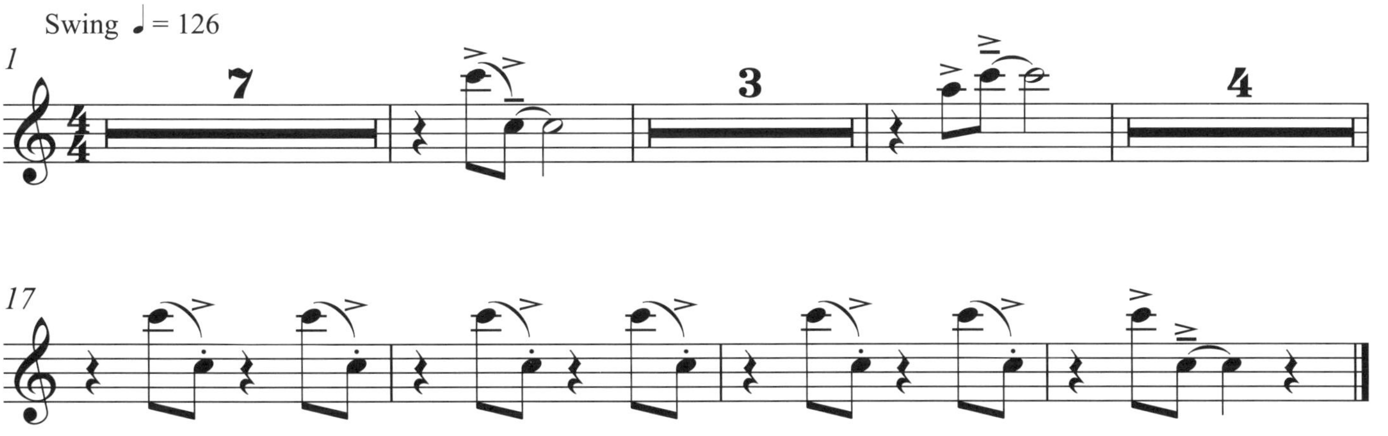


4 Strophen

# 11 Ach, was machen wir für Sachen

3 Strophen

# Nr. 12 (nur Text) + Nr. 13 tacet

# Nr. 14 Wenn wir

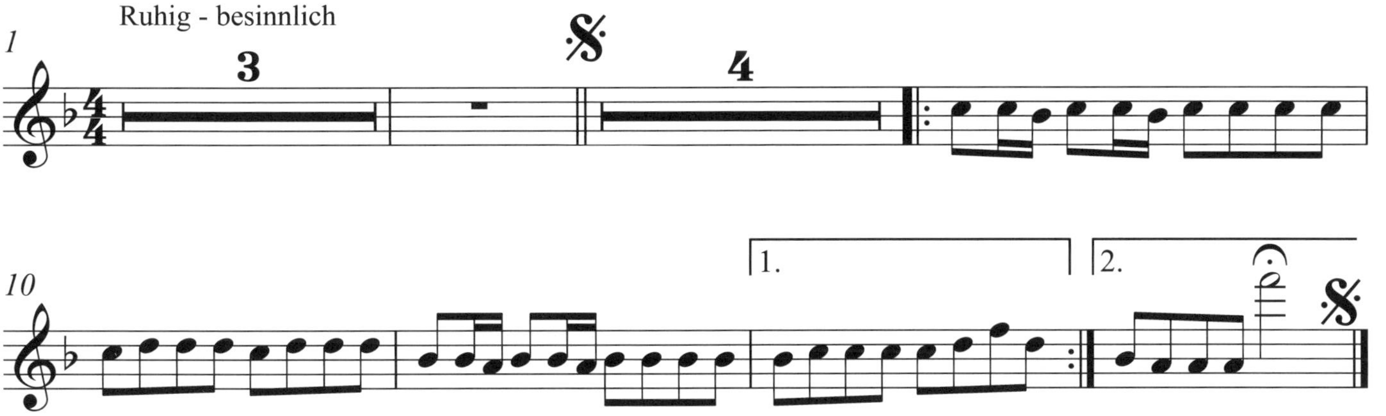


3 Strophen

# 15 Gott, an deinem Tisch

# Nr. 16 + Nr. 17 tacet

# 18 Alle Kinder

# 19 Gott, segne unser Leben - Kanon

# 1. Guter Gott, ich wache auf

Text: Dieter Stork
Musik: Matthias Nagel

Ballade ♩ = 102

# 2 Wer hat die Berge

Ballade ♩ = 96

3 Strophen

# Nr. 3 tacet

# 4 Ich schwimme gern

4 Strophen

# 5 Wer sitzt dort

5 Strophen

# 6 Als die Fische

4 Strophen

# Nr. 7 tacet

# 8 Die Welt ist schön

# 9 Guten Morgen, Herr Löwe

# 10 Ich kenn 'ne Elefantenkuh

# 11 Ach, was machen wir für Sachen

# Nr. 12 (nur Text) + Nr. 13 tacet

## 14 Wenn wir

## 15 Gott, an deinem Tisch

# Nr. 16 + Nr. 17 tacet

# 18 Alle Kinder

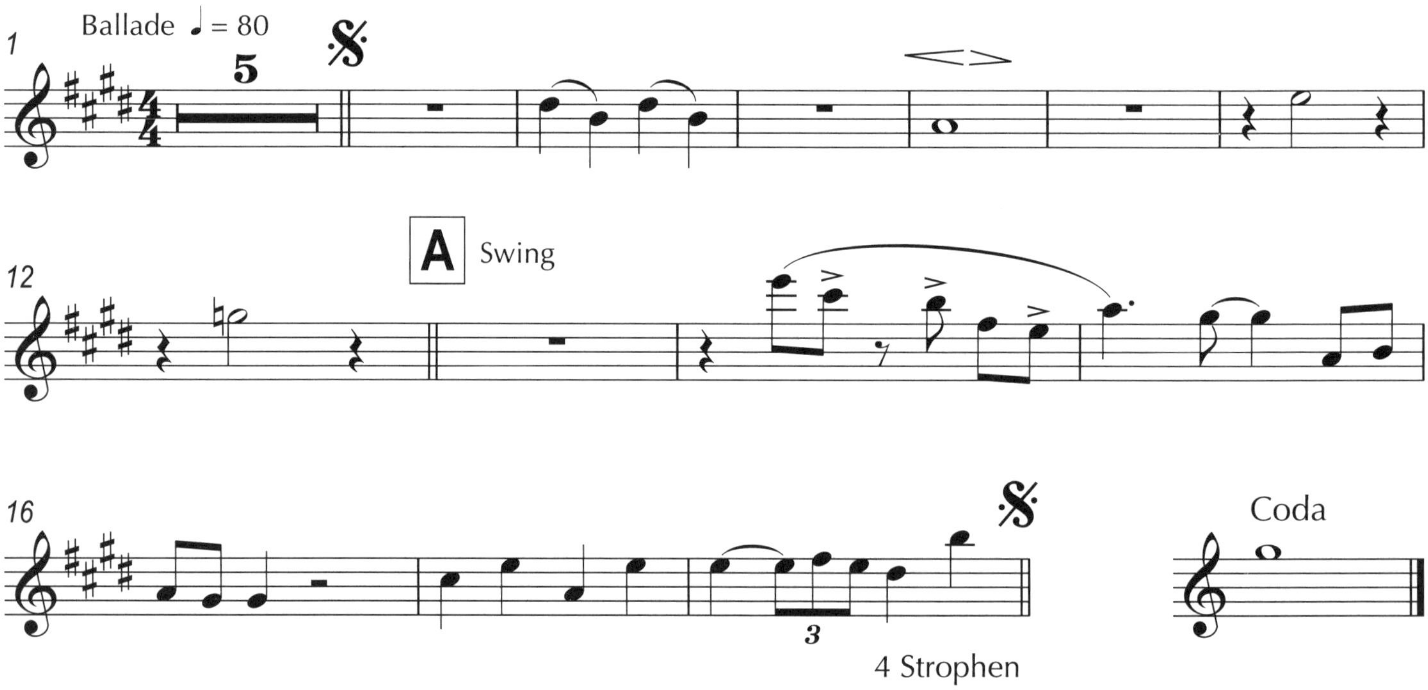


# 19 Gott, segne unser Leben
## Kanon

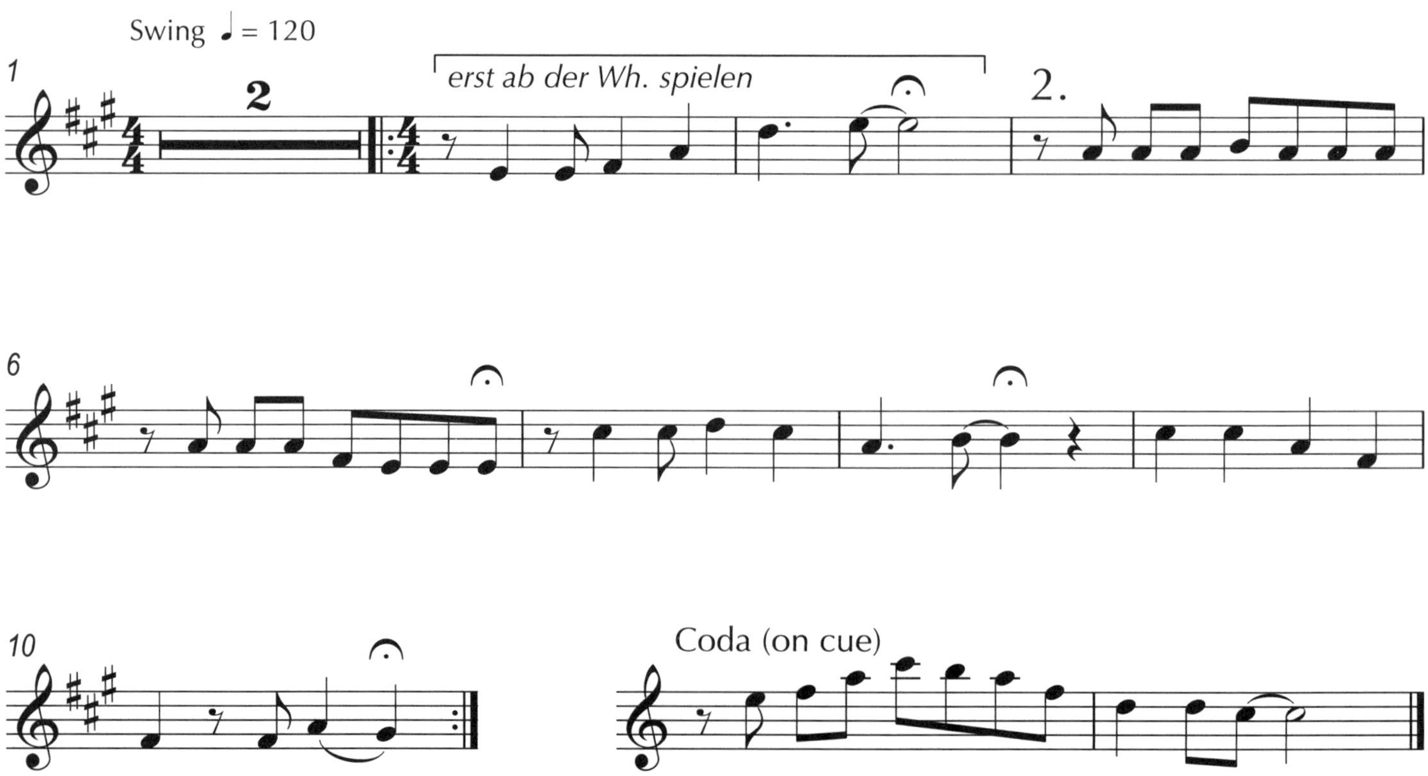

# 1 Guter Gott, ich wache auf

Text: Dieter Stork
Musik: Matthias Nagel

# 2 Wer hat die Berge

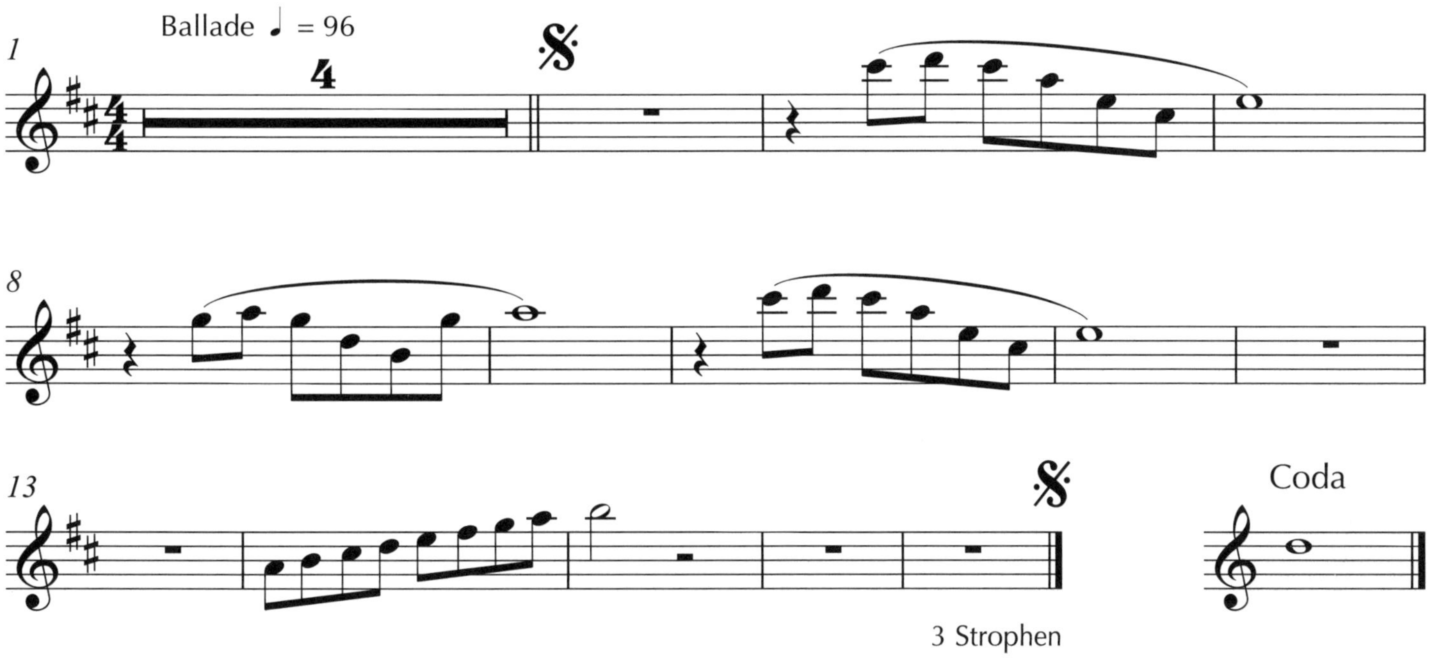

# 3 Der Himmel

# 4 Ich schwimme gern

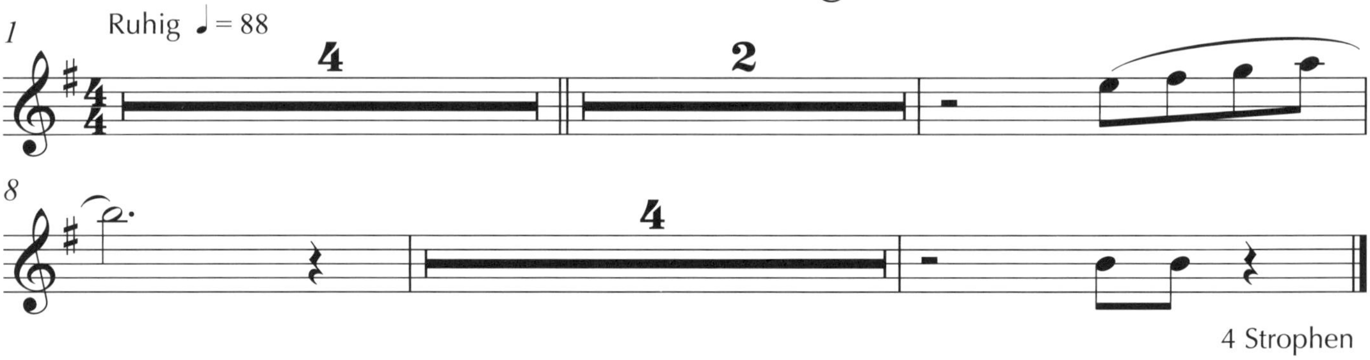


# Nr. 5 tacet

# 6 Als die Fische

# Nr. 7 tacet

# 8 Die Welt ist schön

# 9 Guten Morgen, Herr Löwe

3 Strophen

# 10 Ich kenn 'ne Elefantenkuh

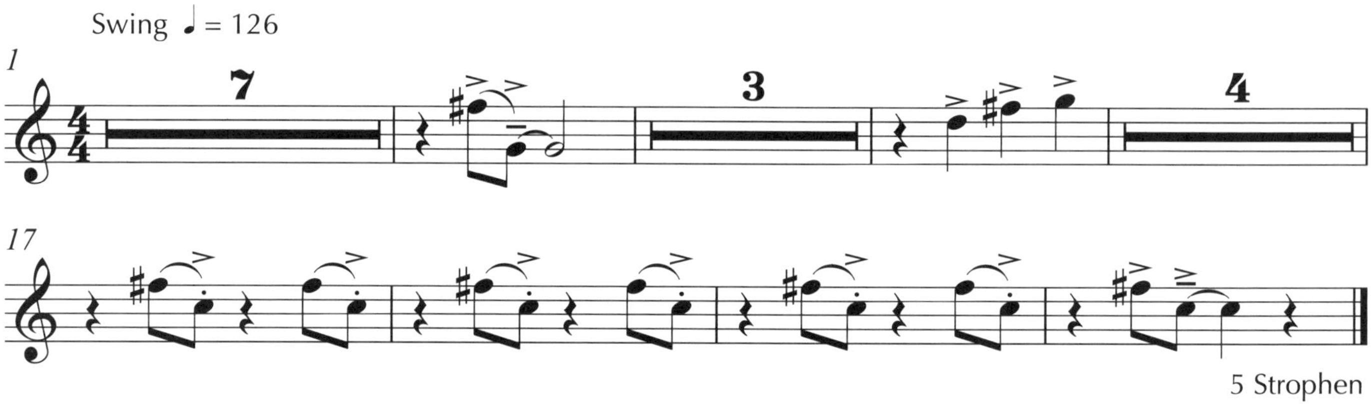


# Nr. 11 + Nr. 12 (nur Text) + Nr. 13 tacet

# 14 Wenn wir

# 15 Gott, an deinem Tisch

# 16 Die Erde stürzt nicht

# Nr. 17 tacet

# Nr. 18 Alle Kinder auf der Erde

# 19 Gott, segne unser Leben
## Kanon

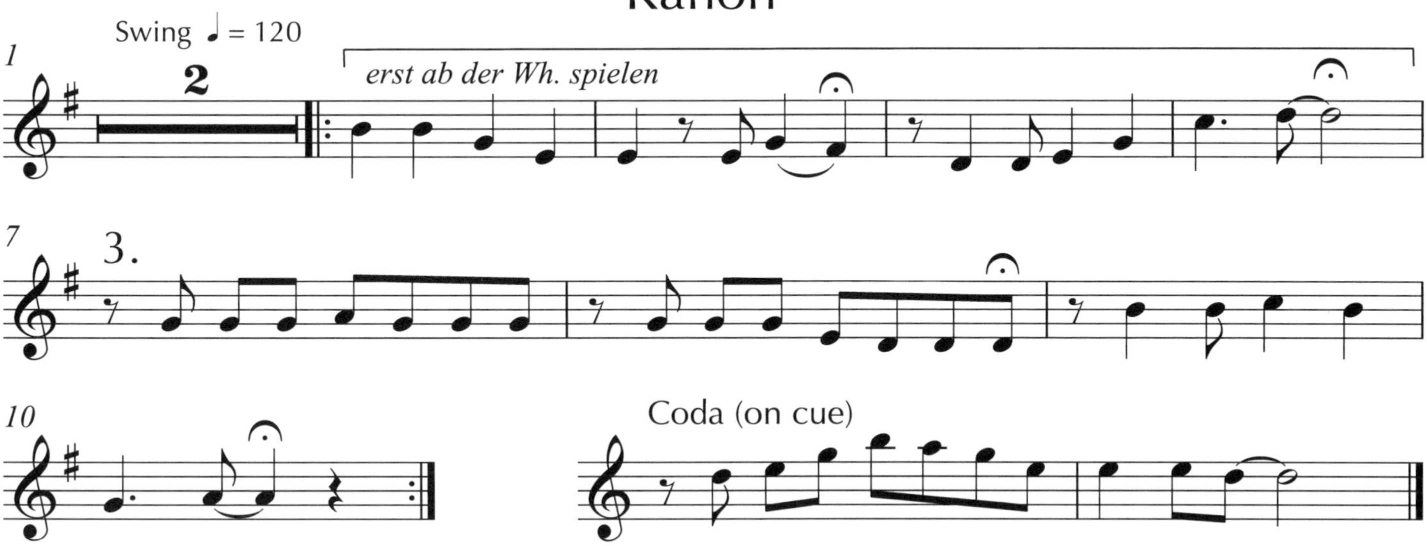

**ALTSAXOPHON**

# Nr. 1 tacet

Text: Dieter Stork
Musik: Matthias Nagel

## 2 Wer hat die Berge

# Nr. 3 tacet

## 4 Ich schwimme gern im großen Fluss

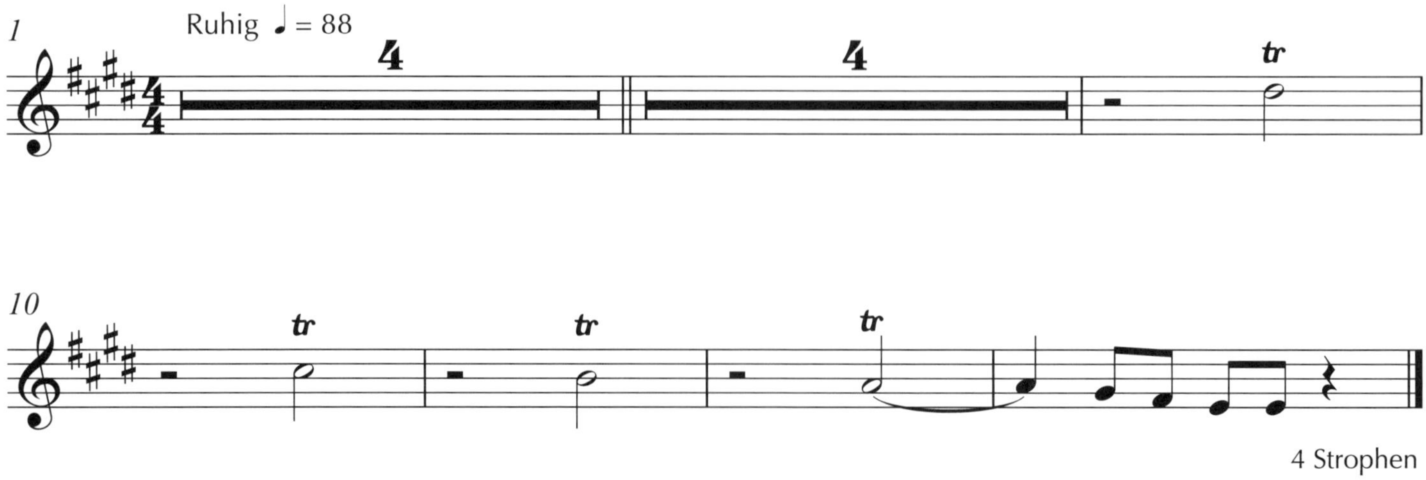

# Nr. 5 tacet

# 6 Als die Fische

4 Strophen

# 7 Diese Erde ist dein Garten

4 Strophen

# Nr. 8 tacet

# 9 Guten Morgen, Herr Löwe

# 10 Ich kenn 'ne Elefantenkuh

# Nr. 11 + Nr. 12 (nur Text) + Nr. 13 + Nr. 14 tacet

## 15 Gott, an deinem Tisch

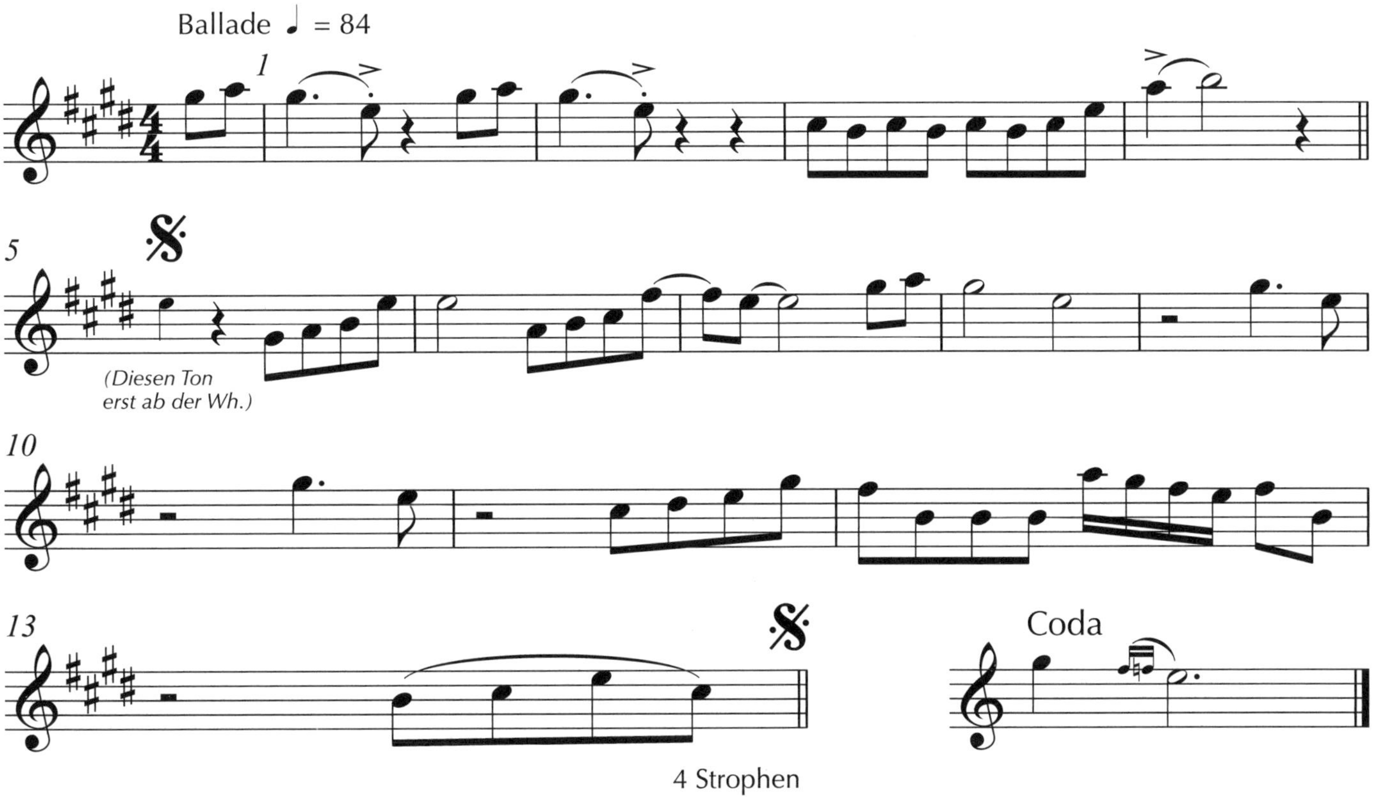


## 16 Die Erde stürzt nicht

# Nr. 17 + Nr. 18 tacet

# 19 Gott, segne unser Leben
## Kanon

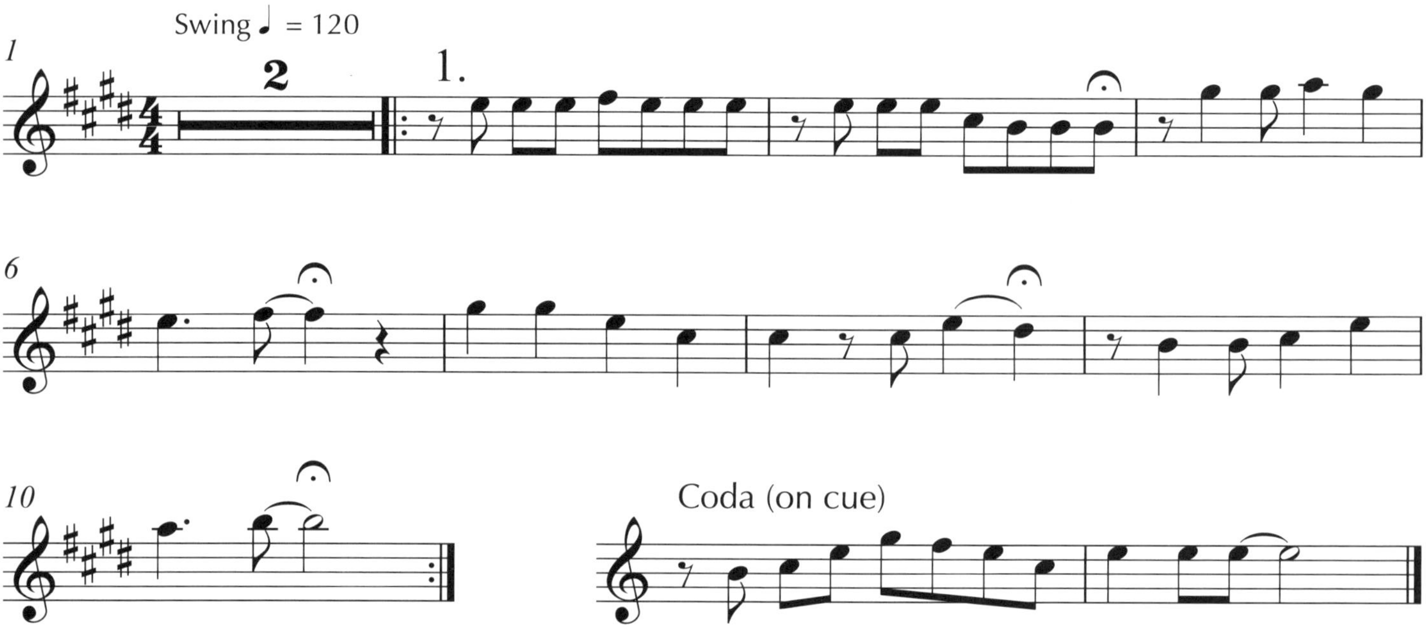

# Diese Erde ist dein Garten

## Ein Singspiel für Kinder zum Thema Schöpfung

von Dieter Stork (Text) und Matthias Nagel (Musik) unter Mitarbeit von Roland Mettenbrink, Kadia Oedekoven und Heinz-Hermann Grube.

Die Schönheit und Vielfalt der Schöpfung sind Thema dieses einzigartigen Singspiels für Kinder vom Kindergarten- bis zum Grundschulalter.
Das Wunder ihres Werdens und Bestehens, das faszinierende Geheimnis des Zusammenlebens von Pflanzen, Tieren und Menschen, aber auch die Gefährdung und Verwundbarkeit unseres blauen Planeten werden in achtzehn ruhigen und bewegten Liedern besungen.

Das Mitmach-Liederbuch »Diese Erde ist dein Garten« bietet sämtliche Texte und Noten sowie Kopiervorlagen für ein »Liederbüchlein«. Außerdem gibt es Anregungen und Praxisvorschläge zu jedem Lied für die pädagogische Arbeit in Kindergarten, Schule und Gemeinde.
Die beiliegende Playback-CD ermöglicht es, einzelne Lieder oder das komplette Singspiel ohne größeren Aufwand nachzusingen und auszugestalten.

Mitmach-Liederbuch:
Diese Erde ist dein Garten
Mit Texten und Noten aller Lieder, pädagogischen Anregungen und Gestaltungsvorschlägen, Kopiervorlagen für ein »Liederbuch« sowie einer Playback-CD
72 Seiten, Format: DIN A4
ISBN 978-3-7668-4079-0

Die CD »Diese Erde ist dein Garten« mit der Aufführung der Kinderkantorei Lübbecke ist ein Ohrenschmaus für Groß und Klein.
Die kindgemäßen Texte und eingängigen Melodien laden zum Zuhören, Mitsingen und Mitmachen ein.

CD:
Diese Erde ist dein Garten
Aufnahmen der Kinderkantorei Lübbecke
unter der Leitung von
Heinz-Hermann Grube
ISBN 978-3-7668-4080-6

**Der Autor:**
Dieter Stork war bis zu seinem Ruhestand Gemeinde- und Jugendpfarrer sowie Schulreferent der Evangelischen Kirche von Westfalen. Als Texter und Liederdichter hat er mit vielen bekannten Komponisten zusammen gearbeitet.

**Der Komponist:**
Matthias Nagel ist Kirchenmusikdirektor und Landesposaunenwart im Haus Gottesdienst und Kirchenmusik der Evangelischen Kirche im Rheinland. Als Komponist, Arrangeur und Musiker ist er in vielen Bereichen der populären Kirchenmusik tätig.

Das Werkbuch zum Thema Schöpfung wurde von Dieter Stork, Kadia Oedekoven und Roland Mettenbrink erarbeitet. Es enthält acht Gottesdienstmodelle und ist voller Vorschläge zur kreativen Ausgestaltung von Projekttagen, Kinderbibelwochen und Gottesdiensten. In einem abschließenden Kapitel spürt es vielen biblischen Texten zum Thema Schöpfung nach. Die Autoren und die Autorin suchen einen biblisch begründeten Weg eines angemessenen Schöpfungsglaubens zwischen Darwinismus und Kreationismus.

Werkbuch:
Diese Erde ist dein Garten
Erarbeitet von Dieter Stork,
Kadia Oedekoven und
Roland Mettenbrink
176 Seiten,
Format: DIN A4
ISBN 978-3-7668-4089-9

Der Auswahlchor der Kinderkantorei Lübbecke, hier in schmalster Besetzung.